脚もお腹もお尻も
スッキリ!

40歳からのホルモンリセット

ナターシャ・スタルヒン
NATASHA STARFFIN

講談社

はじめに

しばらく前まで、40歳といえば、「若者とはもう呼べない、疲れたおばさん」というイメージだったように思います。それが今では、40歳を過ぎても、キラキラ輝きつづけている女性たちが急増しています。自分の人生のなかで、もっとも充実した時期を謳歌《おうか》している女性も多いことでしょう。

その反面、自分のボディイメージを維持するために大変な努力をしている人も多いようです。実際、私のもとに指導を受けにくるアラフォー世代以降の方々に尋ねてみると、「糖質抜き」「お肉は食べない」「低カロリー食品を選んで食べている」「週5日はジム通いしている」などなど、自分なりに最適だと思う方法で努力し、ナイスボディ維持を試みています。

にもかかわらず、私のもとに来るということは、思うような結果が出ていないからでしょう。つまり、**無駄な努力をしている**ということです。

そして、すべての相談者が、「しばらく前までは、ちょっと食事を控えるだけでやせられたのに……」「以前は運動を多めにすれば、すぐサイズダウンできたのに……」と声をそろえます。

「やせなくちゃ」と思う理由は人それぞれです。しかし、30代後半を過ぎたあたりから、体脂肪を落とすために食事制限をしたり、運動をガンガンやったとしても、これまでのように、すぐに目標達成とはいかなくなります。ましてや、**下半身を細くするのは絶望的**なのです。

もともと下半身は、食事を減らすようなダイエットをしても簡単には細くなってくれません。これまでも、ダイエットするたびに上半身ばかりやせて、下半身はそのまま。リバウンドするときは、下半身から……。そのくり返しだったはずです。

40歳を過ぎてくると、その「すぐ落ちていた」上半身の脂肪すら減ってくれることはなくなります。むしろ、さまざまなホルモンの減少にともない、脂肪はお腹まわりにつきやすくなっていきます。しかも30代で発生してきたセルライトは、進行しつづけることはあっても、小さくなることはありません。

誰でも加齢にともなうホルモンレベルの低下によって、基礎代謝が低下していきます。「太りやすく、やせにくい」体になってくるのはこのためです。とくに、20代、30代にダイエットをくり返してきたあなたは、自然な減少以上に基礎代謝を低下させてしまっているはずです。

加齢にともなう腸内環境の悪化、体内の酸化や糖化の進行などが、それに追い討ちをかけます。そして、女性の場合、30代後半からはじまる女性ホルモンの乱高下が、下半身をこれまで以上にやせにくくしていきます。

本書では、こうした加齢にともなう各種ホルモンレベルの低下やホルモンバランスの乱れを、**若いときのレベル&バランスに戻すことで下半身を細くするノウハウを伝授しま**

す。理屈はどうでもいいから何をすべきかを早く知りたいというあなたは、プロローグを読みとばし、第1章の実践編から読んでいただいてもかまいません。

でも、なぜ私がおすすめする食品や食事内容があなたにとって必要なのか、なぜ、ご自分のライフスタイルの改善をしなければならないのかなど、きちんと理解したうえで実践するのと、何もわからず実践するのとでは、将来的に大きな差が出てくるはずです。

本書が、あなたの下半身やせ、美脚づくりだけにとどまらず、生涯を通じて健康で若々しいナイスボディを維持するための道しるべになることを、心から願っています。

平成28年　6月吉日

ナターシャ・スタルヒン

もくじ

はじめに……1

プロローグ　下半身をスッキリさせるため「ホルモンバランス」を意識しよう！

今、「ホルモンバランスダイエット」がトレンドです……12
40代は、糖質カットだけではやせられません！……14
「どこに」「どれだけ」脂肪が蓄積するかは、ホルモン次第……16
ホルモンをうまく操って基礎代謝アップ！……18
体内が「開店休業」では、やせられない……21
女性ホルモンがあなたの下半身に脂肪を誘導します……23
女性ホルモンが減少すれば解決？……25
脂肪細胞でつくられる「悪玉」ホルモン……28
若いときのホルモンバランスをとり戻しましょう……30

第1章 ホルモンバランスをらくらく整える 食生活術

キャベツは生で食べてはだめ！……34
大豆食品を過信しないで。下半身やせの邪魔にもなるのです。……36
海藻類は極上の脚やせ食品。ただしとりすぎは禁物です。……38
ブロッコリー&スプラウトの常食で「肝臓デトックス」しましょう。……40
アボカドはミラクルフード！
ダイエット、生理不順、PMS、過多月経にも。……42
野菜、フルーツは、いくら食べてもかまわないのです。……44
くるみ、アーモンドは空腹時のおやつにしましょう。……46
「ごま」を上手に食べて悪玉エストロゲンを減らしましょう。……48
月経周期にあわせて、「シードサイクリング」を。……50
よい油脂は、積極的にとりましょう！……52
column1 エストロゲンのバランスを保つ食品……54
column2 油脂についての10ヵ条……55
すべてのオリーブオイルが健康にいいわけではありません。……56
「たんぱく質」をしっかりとることを最優先に。……58
炭水化物にも、正しい選択があるって知ってました？……60

column3　**減らしたい炭水化物・増やしたい炭水化物**……62
食べる順番には、ちょっとしたコツがあります。……64
低温調理でやせやすい体にしましょう。……66
薄味は、下半身やせの極意。……68
食事は、午後8時までにすませて。……70
「発酵食品」で、腸内環境をバランスアップ。……72
〝ゼロ食品〟にご用心！　人工甘味料は絶対にNGです。……74
コーヒーやお茶などカフェインはおすすめしません。……76
アルコールは、ときどき楽しむ程度に。……78
体脂肪を増やさない外食テクをマスターしましょう。……80
column4　**外食時の重要なポイント**……82
身のまわりには、ホルモンバランスを乱すものばかり。……84
なるべく化学物質は避け、自然に近いものを。……86
オーガニック食材を調達するのが、難しいのなら。……88
肝臓デトックスで下半身への脂肪誘導をストップ！……90

第2章
心身をゆるめてリセットする
ストレス対策&リラクゼーション術

column5 肝臓デトックスを邪魔するもの・サポートするもの……92
今すぐはじめられるデトックス習慣があります。……94
ハーブ類を味方にしましょう。……96
40歳からとりたいサプリと、避けたいサプリがあります。……98
正しい食生活がすべての基本です。……100
column6 サプリメントのチェックポイント……102
下半身やせスピードアップには、なにより「ストレス解消」を。……104
ストレスのせいで体内は活性酸素が大暴れ。……106
甘いものを食べることは、本当のストレス解消にはなりません。……108
よい睡眠こそ、ナイスボディを支えるパートナー。……110
脚やせにもアロマテラピーは効果的です。……112
ゆっくりした、深い呼吸を心がけて。……114
寝る前に体を十分にリラックスさせるとっておきの方法。……116
column7 バランスを整え、いい睡眠を誘う簡単ストレッチ……118

ホルモンバランス向上にはプラス思考が大切。……122
column8 **いい睡眠のための6ヵ条**……124

第3章 下半身スッキリをぐんぐんスピードアップ エクササイズ&アフターケア術

運動はホルモンバランスに大きな影響をあたえます。……126
努力なしに筋肉を増やして、脂肪をどんどん燃やす方法。……128
キレイな姿勢で、基礎代謝は20％アップします。……130
股関節まわりの赤筋をターゲットにする。……132
ストレッチで簡単に深層リンパ液の流れをスムーズに。……134
column9 **深層リンパ液の流れをよくするストレッチ**……136
週3回は、歩け歩け……。……138
ぶるぶる運動で血液循環をアップさせましょう。……140
「ミニトランポリン」で、楽しみながらセルライトを解消。……142
レジ袋キックで、楽しく「エコサイズ」！……144
美脚筋の活性でトリプル効果を狙いましょう。……146
column10 **美脚筋エクササイズ**……148

ポッコリお腹もペッタリになる「引き締め筋」よ目覚めよ！……150
「ながら」運動で、最小限の努力、最大の効果を。……152
column11 「ながら」運動……154
早朝より夕方が運動のベストタイミングです。……158
冷えとむくみを簡単解消する、足指マッサージを実践して。……160
老廃物は「鎖骨ポケット」からどんどん捨てる準備を。……162
バスタイムは、最高のケアタイムです。……164
アロマテラピーで脚やせ効果もスピードアップ！……166
column12 セルライト解消に効果のあるエッセンシャルオイル（精油）……168
マッサージは、やさしくソフトタッチで。……172
一時的ではなく習慣化しよう！……174

プロローグ

下半身をスッキリさせるため「ホルモンバランス」を意識しよう！

今、「ホルモンバランスダイエット」がトレンドです

ある会合で、「近々、ホルモンについて書こうと思っているの」と、友人数名に伝えたところ、「えっ？　ホルモン焼きのこと？　それでダイエットできるの？」と、トンチンカンな反応をされ、ガックリ。拍子抜けしてしまいました。でも考えてみれば、そうした反応は当然なのかもしれませんね。**ホルモン＝内分泌系＝健康やダイエットのカギ**とは、思いもよらないのが普通でしょう。

でも、アメリカでは数年前から（とくに2015年あたりから急速に）、『ホルモンダイエット』『ホルモンリセットダイエット』『ホルモン―バランシングダイエット』などの名称で、ホルモンバランスを整えることの重要性を主張する書籍が通販サイトなどに、それこそ洪水の如く溢れてきているのです。ホルモンバランスダイエットの料理やスムージーのレシピ本なども数多く出ています。

どの本も**ホルモンバランスを整えることで代謝を向上させ、効率よく脂肪を落とし、やせるだけでなく、若さをとり戻し、エネルギーアッ**

プすることを唱えています。自然に近い健康的な食品の選択、筋トレと有酸素運動、ストレス対策、良質な睡眠の重要性などを強調していることも共通しています。

ただ、それぞれの著者によって推奨しているプログラムは少しずつ異なります。たとえば、『ホルモンリセットダイエット』のサラ・ゴットフライド医師は、21日間で約7キロやせるプログラムを提唱していますし、『ホルモンダイエット』のナターシャ・ターナー博士（私と名前が同じ！）は、スリーステップ・プログラムで、2週間で5・4キロの減量を目指すとしています。なかには、「それって、おかしくない？」と思うようなプログラムもあります。しかし、一時的に流行する○○ダイエットの類いとはあきらかに違い、「ホルモンバランスを整えて、より健康的なスリムボディを目指す」というコンセプトは、今やヘルスコンシャス層のトレンドになりつつあるのです。

アメリカで注目されはじめたホルモンバランスダイエットですが、食文化の違いなどもあり、そのまま日本人にあてはめるには、少々無理があります。そこで、日本女性を対象に35年以上も下半身やせ＆ダイエット指導をおこなってきた私ナターシャが、アレンジを加えることにしました。「ホルモン」や「ホルモンバランス」という言葉にアレルギー反応を起こすことなく、あなたが下半身やせの目標を素早く達成できるよう、なるべくシンプルに、基本的なことからお話ししていくことにしましょう。

40代は、糖質カットだけではやせられません！

40歳に突入しようとしている、あるいは、すでに超えてしまったあなたが、お尻まわりや太もも、そしてお腹に居座る脂肪を減らしていくためには、なにはともあれ「ホルモンバランス」を意識していかなければなりません。

「ホルモンバランス」といきなり言われても、ピンとこない人も多いでしょう。それどころか、「ホルモン」という言葉が出てきた途端に、「わ〜、難しそう」と、思考回路を遮断してしまう人もいるかもしれません。でも、これまでにあなたもホルモンに目を向けたダイエットを実践してきているはずですよ。ご自分では気づいてはいないかもしれませんが……。

巷《ちまた》には、「糖質ゼロ」や「糖質オフ」「糖質カット」を表示した商品が溢れ、低ＧＩ値を謳《うた》う製品も多く出回っています。今ではダイエッターばかりでなく、メタボ予防、アンチエイジングにと、あたりまえのように「糖質を減らす」ことがすすめられていますよね。これって、「インスリン」というホルモンが体内で急激に過剰分泌されないようにコントロールするためって知っていましたか？

糖尿病の人の「薬」としか思われていなかったインスリンですが、十数年前に「低インスリンダイエット」なるものが登場。その後、じわじわと糖質カットや低ＧＩ値を気にして食事をする人が増えてきました。

インスリンは血液中に糖が多くなると分泌されて血糖を下げるホルモン。脂肪合成を促進するホルモンでもあります。糖質の摂取量が少なければ、インスリンの分泌は少なく、脂肪も合成されにくいということから、ダイエットの基本になっているわけですね。

どうです？　少しは、ホルモンが身近に感じられるようになったのでは？

体脂肪を減らすためにインスリンを意識すべきなのは確かです。でも、体脂肪を落としてやせて、リバウンドすることなくナイスボディをキープしつづけるには、インスリンという一つのホルモンだけに気を遣っていても不十分です。あなたの体重やプロポーションに影響を及ぼしているホルモンは、ほかに何種類、何十種類とあるのですから……。

とくに**40歳を過ぎると、脂肪を減らす方向に働いてくれるさまざまなホルモンが減少**しますし、ほかのホルモンとのバランスも崩れてきます。その結果、あなたのボディに余分な脂肪が増えてきます。とくに下半身に……。今すぐ、ホルモンバランスを意識した食生活&ライフスタイルの改善を心がけ、憧れのナイスボディを手に入れましょう！

「どこに」「どれだけ」脂肪が蓄積するかは、ホルモン次第

体内では100種類以上のホルモン類が働いており、血液を通じて各組織にいろいろなメッセージを伝えながら、さまざまにバランスを調整しています。

40歳を過ぎると「太りやすく、やせにくくなるのは、基礎代謝が低下するから」といわれますが、この代謝の低下にも、いくつものホルモンが関わっています。**あなたを太らせるのかやせさせるのか、どこに脂肪を蓄**

積させるのか、筋肉量をどれだけ増やすのか減らすのか、すべてはあなたのホルモン次第です。あなたの体内で起こるすべての代謝をコントロールしているのがホルモンだからです。

女性の美容や健康はもちろん、これから下半身を細くしようとしているあなたに特に関係深いホルモンだけでも、女性ホルモン（エストロゲン＆プロゲステロン）、甲状腺ホルモン、成長ホルモン、コルチゾール（ストレスホルモン）、セロトニン（幸福ホルモン）、インスリン、レプチンなどがあります。

40歳前後から分泌量が目立って減ってくるホルモンは多いのですが、だからといって、単純に減ったホルモンを増やせばいいというわけではありません。なかには増えることで、あなたを太りやすく、下半身を巨大化させていくようなホルモンもあります。でも、これらも単純に減らせばいいというわけではありません。

どのようなホルモンであっても、特定の状況に対して、必要とされている場所で、タイミングよく、適切な量が、そして、ほかのホルモンと最適なバランスを保ちつつ分泌されてこそ、あなたの肌は美しく輝き、スッキリ下半身が達成され、老化やそれにともなうさまざまな疾病に悩まされることもなく、健康的&魅力的なナイスボディで毎日イキイキと過ごすことができるようになるのです。

基礎代謝の低下ばかりでなく、女性の体は40歳前後から閉経に向けて大きな変動期を迎えます。女性ホルモンの変動は、連鎖的にほかのホルモンに多大な影響をあたえ、あなたの下半身をますます太く、醜くしていきます。

体脂肪の蓄積が多くなってきたあなたは、繊細なホルモンバランスが乱れはじめているはずです。「やせられない〜！」と嘆きながら、**これまでと同様のダイエットをくり返していたら、ますますあなたのホルモンバランスは崩れてしまいます。**40歳を過ぎたあなたがスッキリ下半身を目指すには、なにはともあれ、20〜30代のころのホルモンバランスをとり戻さなければ……。それは、食生活の改善などで可能なのですから。

ホルモンをうまく操って基礎代謝アップ！

20代では、いくら食べても太らなかった人でも、30代後半を過ぎるころ

プロローグ
下半身をスッキリさせるため
「ホルモンバランス」を意識しよう！

から、「これまでと食事内容はかわっていないのに太るようになった」「食事を減らしても、ちっともやせない」と嘆きはじめます。これは、加齢とともに基礎代謝が低下し、体が消費するエネルギーが減ってきてしまうからです。

基礎代謝というのは、「体温を保つ」「呼吸する」「内臓が働く」など、安静時、体を動かさなくても生命維持のためにおこなわれている体内活動のこと。**私たちの体が一日に消費する総エネルギーのうち、実に60～70％が、この基礎代謝に使われていて、そのエネルギー源として、主に脂肪が燃焼されている**のです。

エネルギーの大部分を消費してくれる基礎代謝量が減少すれば、これまで通りの食事をしているだけで太ってきます。ちょっとくらい食事を減らしたところでやせることはできません。なんたって、消費エネルギーが激減するのですから……。

「だったら運動すればいいの？」そんな声が聞こえてきそうですね。でも、たとえば1キロの脂肪を落とすためのエネルギーを消費するには、かけ足や縄跳びなど、連続して20時間近くもやらなければなりません。運動で消費できるエネルギーは微々たるものなのです。

基礎代謝量が減ってしまう理由はいろいろありますが、**加齢とともに筋肉が減る**ことが大きな理由の一つです。上半身の筋肉はさほど減らないのですが、下半身、とくに太ももの筋肉は著しく減少し、基礎代謝量を押し下げます。「太ももの筋肉が落ちたら、細くなるから嬉しい！」なんて、喜ばないでくださいね。筋肉が減っても、その分脂肪が増えるため、外見的な太さはかわりませんので……。

こうした変化がもたらされるのは、筋肉を保持するために必要な「成長ホルモン」や「テストステロン（女性にも大切な男性ホルモン）」が、加齢とともに減少するからです。

成長ホルモンは筋肉づくりばかりでなく、体内の修復を促すホルモンでもあります。寝ている間に分泌され、傷んだ組織を修復し、あなたを体の内部から若く、蘇《よみがえ》らせてくれます。寝ている間に脂肪が燃焼しつづける体にしてくれるのも、このホルモンです。

これらホルモンを外から補充することで手っとり早く基礎代謝をアップできるということから、皮下注射やそのほかの方法での補充療法がおこなわれています。でも、そんなことをしなくても、**体内のほかのホルモンとのバランスを崩すことなく、若いときのレベルにまで戻す方法はあります。**第1章以降の実践編で、じっくり伝授していきましょうね。

体内が「開店休業」では、やせられない

基礎代謝に関わっているのは、成長ホルモンやテストステロンだけではありません。むしろ、さらに大きな影響力があるといえるのが、甲状腺ホルモン。私たちのすべての細胞での代謝をコントロールしているマスターホルモンといえる存在です。

私たちが食事で摂取した脂肪、たんぱく質、糖質などをエネルギーにかえる速度の調整、燃料としての使用率、脂肪燃焼炉の回転速度の決定、心拍数、体温、そのほか、体内での多くの機能の調整を受けもっています。代謝活動のほぼすべてに影響力があるだけに、甲状腺ホルモンが低下してくると、エネルギーレベルが低下。体内の機能もスローダウンしていきます。

お肌のターンオーバーは遅くなり、ハリやツヤがなくなってきます。

皮膚の乾燥や脱毛、爪がもろくなる、疲れがなかなかとれない、ケガが治りにくい、便秘、性欲減退などなど、まさに体内は、「開店休業」状態になってしまいます。こうなってくると体重は増え、いくら食事を減らそうが、エクササイズしようが（そういう気も起きないでしょうが）、やせることはできなくなります。

近年、甲状腺機能が低下している30〜50代の女性が増えているといいます。不適切な栄養摂取がその根底にあるのですが、甲状腺の機能の変化は、甲状腺ホルモンだけでなく、他のすべてのホルモンにも影響を及ぼしていきます。とくに下半身太りの女性は甲状腺のトラブルを抱えやすい（なんと男性の10倍！）とされます。これは、女性ホルモンを分泌している卵巣に、甲状腺ホルモンをとり込むためのレセプター（受容体）が配置されていることと無関係ではないでしょう。

また、ストレスを受けると、体はストレスホルモン（コルチゾール）を分泌し、体と心を守ろうとします。甲状腺が働くためにも、このホルモンは必要なのですが、強いストレスや激しいショックによって過剰に分泌されたり、慢性的ストレスで分泌しつづけると、体内では、とんでもないことが起きてしまいます。

血液中にストレスホルモンが増えると、あなたの下半身に脂肪を導くエストロゲンの増加や甲状腺ホルモンの低下ばかりでなく、代謝に関わるほかの多くのホルモンにも影響を及ぼします。成長ホルモンやテストステロン、プロゲステロンなども減り、基礎代謝をぐ~んと低下させます。**ストレスのせいで、脂肪の合成が促進し、分解は抑制され、あなたを太らせ、ポッコリお腹、むくみ、セルライトの増加にも拍車をかけることになっていくのです。**

女性ホルモンがあなたの下半身に脂肪を誘導します

やせていようが太っていようが、私たちの体の脂肪組織には平均300億~400億もの脂肪細胞があります。これらが存在する理由は、もちろん、脂肪を貯蔵するため。体が必要としている以上に食べれば、食物中の脂肪や糖、血液中の糖が脂肪にかえられて、「脂肪細胞」という貯蔵庫に蓄えられます。体が必要とするエネルギーが足りなくなれば、貯蔵されている脂肪は、分解されて使われます。

脂肪細胞一つ一つの大きさは、男女ともほぼ同じですが、女性の脂肪細胞のほうが、男性より1・4倍重く、かつ数も多いことがわかっています。ということは、一つの脂肪細胞に蓄えられる脂肪の量も、女性のほうが男性より多いわけですね。

脂肪が体のどこの部分に貯蔵されるかは、遺伝的体質、生活習慣、ホルモンバランスなどの影響を受けます。男性は上半身に多く脂肪を溜め込みますが、女性は、女性ホルモンの影響を強く受け、下半身に多く脂肪を抱え込みます。

卵巣でつくられる女性ホルモンは、エストロゲンとプロゲステロンの2種類。排卵や生理リズムをコントロールし、妊娠や出産だけでなく女性の体や心の不調にも深く関わります。これらのバランスは極めて重要で、エストロゲンが優勢になってバランスが崩れると、体重増加はもちろん、生理不順、過多月経、PMS（月経前症候群）、子宮内膜症、子宮筋腫、乳がん、偏頭痛などのトラブルが発生します。こうしたトラブルが気になっているあなたは、まっさきにこのバランスを整えるようにしなければなりません。

エストロゲンは、お尻や腰まわりの皮下に脂肪を蓄積させていきます。もう一方のプロゲステロンは、太もものつけ根から膝の上までの大腿部に皮下脂肪をつけます。また、下半身太りやセルライトで悩んでいるあなたは、水分の停滞やむくみをともなっているはず。これがセルライトの発生にも関わってくるのですが、水分の停滞は、プロゲステロンのしわざです。閉経で女性ホルモンが減ると、脂肪は太ももやお尻などではなく、お腹まわりに蓄積するようになります。

40歳前であっても、太ももやお尻まわりの脂肪の分解速度は遅く、分解されない脂肪が残ったまま新たな脂肪が蓄積されていきます。女性の下半身の脂肪細胞の表面に配置されている脂肪放出に働くレセプターが、脂肪貯蔵レセプターに比べ、極めて少ないからでしょう。**若いころは速かった腹部の脂肪分解速度も、中年以降は、悲しくなるほど、遅くなります。でも適切な方法さえとれば、スピードアップは可能です。**

女性ホルモンが減少すれば解決?

「40歳を過ぎてエストロゲンが減れば、お尻や太ももの脂肪は自然になくなるの？」そんな声が聞こえてきそうですね。でも残念ながら、そうは問屋が卸しません。

日本女性の平均的な閉経年齢は50・5歳とされ、その十数年前から卵巣の働きの低下とともにエストロゲンは減ってきます。このとき、ほかのホルモンとバランスをとりながら減ってくれれば、いいのですが……。

エストロゲンは、なだらかな曲線を描きながら徐々に減るわけではなく、ときには正常値を大きく超えるほど高くなったり、急減したりと、鋭い乱高下をくり返しながら減少していきます。こうした激しい変化にほかのホルモンはついていけません。そのため、ほかのホルモンと保たれるべき適切なバランスが、とれなくなってしまうのです。

アラフォー世代から、プロゲステロンやテストステロンなども減少していきます。エストロゲンは閉経時までに平均的基準線から40〜60％低下するだけなのに対し、プロゲステロンの低下率はずっと大きく、ゼロに近くなることもあるとか……。このため、プロゲステロンに対してエストロゲンが多くなり、エストロゲン優勢という困ったバランス状態をつくりだします。あなたを太らせ、下半身への脂肪蓄積を加速させるばかりか、さまざまな更年期特有の不快な症状をもたらすことになるのです。

あなたの脂肪細胞内でもエストロゲンは、つくられています。あなたが身にまとっている肉布団が厚ければ厚いほど、より多くのエストロゲンがつくられ、さらなるエストロゲン優勢状態になっていきます。

さらに、キセノエストロゲン（体内でエストロゲンに似た作用をする。プラスチック、化粧品、毛染め、農薬、ＰＣＢ、グリコール、そのほか何百もの化学製品）や食品に含まれるフィトエストロゲン（植物エストロゲン）などの存在も無視できません。過剰なエストロゲンを排出する肝臓の働きや腸内環境によっても、バランスに影響が……。

アラフォー世代から40代後半ごろまでのあなたは、まさにエストロゲン優勢の状態に陥りやすいといえるのです。「そろそろ女性ホルモンが減ってくる時期だから……」と勝手に思い込んでいたら、ますます脂肪を下半身につけることになりますよ！　それどころか、婦人科系や甲状腺のトラブルが、ますますひどくなってしまうかも……。

エストロゲン優勢状態から抜けだし、健全なホルモンのハーモニィをとり戻すには、食生活、そしてライフスタイルを見直していくこと

を最優先に考えましょう。

脂肪細胞でつくられる「悪玉」ホルモン

体内では多くのホルモンが分泌され、私たちのホメオスタシス（恒常性）を保つために働いてくれています。これらのホルモンをつくり、分泌しているのは、卵巣、副腎、甲状腺、膵臓《すいぞう》、脳の下垂体、視床下部などの内分泌器官です。そして、あなたの下半身にたっぷり居座る脂肪細胞も、ホルモン生産工場として多くのシグナル物質をつくっています。

とはいっても、脂肪で大きく膨れ上がった脂肪細胞が放出する物質のほとんどは、「悪玉」です。好ましい働きをするものもいくつかはありますが、その多くが、ホルモンバランスを乱す方向で作用。心臓病、脳卒中、糖尿病、がんなどのリスクを押し上げます。

脂肪細胞には、アロマターゼという酵素があり、これが男性ホルモンをエストロゲン（主としてエストロン）に変換しています。エストロゲンにはいくつかの種類があって、エストロンは閉経後、優勢になるエストロゲン。閉経前は、エストラジオールという形のエストロゲンが主として働いてくれています。

脂肪細胞は他の器官でつくられているエストロゲンの分泌量（適量）を無視して、エストロンを産生しつづけ、エストロゲン優勢の状態をつくりだします。

若いうちは体脂肪が多くても、エストロンのレベルは低く抑えられています。簡単にエストラジオールに変換されるからです。でも、卵巣の機能低下とともにエストロンをエストラジオールにかえることができなくなります。エストロンが増えると、お腹まわりや内臓まわりに脂肪を誘導し、インスリン抵抗性（血糖を筋肉などの組織にとり込めなくなり、肥満や生活習慣病に導く）をつくったり、がんの発生に関わります。こうしたことから、エストロンは、「悪玉エストロゲン」とも呼ばれます。

あなたのボディに脂肪が多いほど、エストロゲンレベル（悪玉の！）は上昇。脂肪細胞がエストロゲンを産生しているからだけではなく、エストロゲンの貯蔵場所でもあるからです。あなたが太ることで、悪玉エストロゲンの産生と貯蔵は増え、さらにエストロゲンレベルが上昇。それにより脂肪はますます増え、より大きくなった脂肪はホルモンバランスの破綻《はたん》を招いていく……。まさに悪循環ですね。ここにストレスが加わると、脂肪細胞はより大きくなり、より多くのエストロゲン産生を促し、悪循環に輪をかけます。

アロマターゼを刺激する食品や悪いエストロゲンを増やす食品などを排除し、ストレス対策をしっかりとること。40代のあなたが下半身をスッキリさせるためにはもちろん、プレ更年期をスムーズに乗りきるためにも真剣に考えていかなければなりません。

若いときのホルモンバランスをとり戻しましょう

さまざまなホルモンの影響で、脂肪を蓄えやすくなる40代。下半身への脂肪蓄積や水分貯留をはじめ、あなたの下半身を太くしつづけるホルモンの働きをかけ足で見てきました。

食生活、ダイエット、日々のストレス、睡眠時間、体内の炎症、加齢、更年期、環境ホルモンなど、あなたのホルモンバランスを乱す要因はいろいろあります。

病的なホルモンバランスの崩れは、医療機関での対応が必要になってきます。ただ、検査結果から「正常範囲。特に問題なし」と診断されたからといって、あなたのホルモンバランスがハーモニィを保っているとはいえません。

あなたが思っている以上に、ホルモンは繊細。些細《ささい》なことでもバランスを崩し、あなたのボディに好ましくない影響をもたらします。たった一杯のグレープフルーツジュースが、肝臓でのホルモン代謝をスローダウンさせ、あなたのホルモンバランスをかえてしまうことだってあるのです。

なにかを食べるとき、その一口一口がホルモンに影響します。食べ物を見たり、そのにおいをかぐだけでも影響を受けるのです。食欲を抑えられずにダイエットに失敗するのは、あなたの意志の問題ではなく、ホルモンのせいと、いってもいいのです。

ホルモンについて40代のあなたが理解しておいたほうがいいことは、基礎的なことだけでも、まだまだたくさんあります。でも、**今の段階では、スッキリ下半身&魅力的なナイスボディ実現のためには、「ホルモンバランスがもっとも大切」と、なんとなく頭に入れておいていただければ、十分でしょう。**

いよいよ、次章から実践編に入っていきます。食生活術、ストレス対策、エクササイズ&アフターケアと3つのセクションに分けて、あなたのホルモンバランスを整えるため、何をどうすればいいのか、具体的にお伝えしていくつもりです。

あなたが若いときのホルモンバランスをとり戻し、基礎代謝をアップし、新たな脂肪の蓄積を予防しつつ、すでにお腹まわりをはじめ、下半身に定着してしまった脂肪や水分、そしてセルライトを一掃していくためには、これしかない！　というものです。

毎日の習慣にうまくとり入れていくにしたがって、あなたの体調はグングンよくなり、若返り、理想的なプロポーションに近づいている自分を実感できるはずです。

さあ、用意はいいですか⁇　それでは、レッツ・ゴー‼

第1章

ホルモンバランスをらくらく整える食生活術

キャベツは生で食べてはだめ！

新鮮な生キャベツは、独特の甘みがあって、と～ってもおいしいので、生野菜サラダとして、あるいはとんカツ、その他のメインディッシュのつけ合わせとして、たっぷり食べる人は多いでしょう。

でも、40歳を過ぎ、基礎代謝が低下しはじめたあなたは、その生キャベツのせいで下半身太りから抜けだせないのかもしれません。とくに、**年中手足が冷たい、体温が低い、呼吸が浅い、集中力がイマイチ、貧血ぎみ、肌が乾燥しやすい、便秘がち、PMSや生理不順ほかの婦人科系のトラブルを抱えているようなら、キャベツの生食は避け、軽く蒸してから食べるようにしましょう。**

キャベツはアブラナ科の野菜で、ずば抜けた抗がん作用や抗潰瘍《かいよう》力をもっているほか、ビタミン&ミネラルも豊富。エストロゲンのマイナス面をブロックし、余分なエストロゲンの排出を促すなど、ホルモンバランス調整にも役立ってくれます。

ただ気をつけなければならないのは、「ゴイトロゲン」という、甲状腺ホルモンづくりを邪魔する物質が含まれていること。甲状腺ホルモンは、すべての細胞の代謝をコントロールしています。このホルモンレベルが低下することで、基礎代謝は低下し、やせにくく、太りやすくなってしまうのです。

この物質が問題を起こすのは、生で食べたときに限ります。とはいっても加熱しすぎると貴重な栄養素を壊してしまいます。酵素を活性化しつつ、好ましくない物質を壊すには、**キャベツをせん切りにして5分程度そのままおいて、そのあとで3分程度蒸して食べるのがベスト**です。

なお、ゴイトロゲンは、芽キャベツ、カリフラワー、ケール、ラディッシュ、かぶ、コールラビ、ルタバガ、大豆、ピーナッツ、きび・あわ・ひえの穀粒などにも多く含まれています。これらのほとんどは生では食べないと思いますが、覚えておきましょう。

大豆食品を過信しないで。下半身やせの邪魔にもなるのです。

40代に突入したあなたは、「エストロゲンに似た作用がある大豆製品を十分にとって、減っていくエストロゲンを補いましょう」と、助言されることが多いのでは？

植物エストロゲンの一種、イソフラボンを含む大豆食品は、乳がんリスクの軽減、心臓病の予防、閉経後の骨《こつ》粗《そ》鬆《しょう》症の軽減ほか、いくつものプラスの効果が証明されています。しかし、一方では、マイナス要因があることも数々の研究で裏づけられています。無情にも、**あなたの下半身が細くならないことにも関係している可能性も！**

通常の大豆に含まれるイソフラボンはアロマターゼの産生を増やすことで悪玉エストロゲンを増加させるといわれます。また、エストロゲン受容体と結合することでエストロゲン様作用をするので閉経後は有利でしょうが、ホルモンバランスが崩れやすい40代のあなたにとっては、注意が必要です。

イソフラボンばかりでなく、大豆には下半身やせを邪魔する物質がほかにもいろいろ含まれています。たんぱく質分解酵素を阻害するトリプシンインヒビターは、たんぱく質の消化を妨げるので、アミノ酸の不足からホルモンづくりに支障が出る可能性も……。ヘマグルチニンという赤血球を凝集させる物質は、酸素や栄養素が体のすみずみまで届きにくくします。また、フィチン酸は、鉄分や亜鉛など重要なミネラルの吸収を妨げます。大豆は基礎代謝量アップに必要な甲状腺ホルモンの産生を邪魔するゴイトロゲンでもあります。

こうした大豆のマイナス面は、発酵というプロセスを経れば、ほぼすべてとり除かれます。大豆を発酵することにより、イソフラボンは3分の2減り、最初の分子より安全な形になってくれますし、阻害因子やフィチン酸も消えてくれます。その一方で消化酵素や含有ビタミン量がグ〜ンと増えます。

40代のあなたは、大豆製品なら何でもどんどん食べたほうがいいというわけではなく、豆腐や豆乳は避け、発酵食品である納豆やテンペを選びましょう！

海藻類は極上の脚やせ食品。ただしとりすぎは禁物です。

薬効のあるハーブとして欧米で昔から肥満解消に使われてきたのが、ブラダーラックやケルプ。日本流にいえば、昆布、ヒバマタなどの海藻類。セルライト内に閉じ込められた脂肪の減少に役立つことから、下半身やせのサプリメントにもよく使われています。

とくに昆布ほか、海藻類に豊富に含まれるのがヨードというミネラル。ヨードは、すべての細胞の核膜にくっついていて遺伝暗号の解読に関わっているのですが、一番集まっているのが甲状腺。甲状腺が分泌する2種類の甲状腺ホルモンは、ヨードを原料につくられます。

甲状腺ホルモンはすべての細胞の代謝に関わっていますから、このホルモンがきっちり分泌されていないと、やせられないばかりか、髪の毛が薄くなり、シワが増え、皮膚が乾燥し、老化が進行……。一日1回は、なんらかの形で海藻をとりたいものです。ヨードがきっちり甲状腺に利用されるよう、ゴイトロゲンの存在にも気をつけたいですね。

海藻にはカリウムというミネラルも豊富で、体内の余分なナトリウムを体外に追いだし、貯留していた水分を抜いてくれます。むくみ解消になくてはならないミネラルです。

腸内環境は、ホルモンバランスにもとても大切ですが、海藻には、セルロース、アルギン酸、マンニトールなどの食物繊維が豊富。さらに、**血液の浄化作用もあり、組織に溜まった老廃物や毒素を、血液を通じてスムーズに処理してくれます。**丈夫で柔軟性のある血管づくりもサポートしてくれます。セルライト形成の大きな要因である微小循環や静脈の障害をとり除くにも、まさにピッタリ！

ただし、いくらよいからといっても、とりすぎは禁物です。ミネラル類は好適摂取量の範囲がとても狭いのです。少なすぎても多すぎても体のトラブルにつながります。**海藻類は一度にドカ食いすることのないよう、日々、何か1品、海藻を使った料理を食卓に加える。その心がけが、あなたを、スリムなナイスボディに導いてくれる**のです。

ブロッコリー&スプラウトの常食で「肝臓デトックス」しましょう。

どんな野菜にもホルモンを調整してくれる物質は含まれます。でも、アブラナ科の野菜（ブロッコリー、芽キャベツ、キャベツ、カリフラワー、コラードの葉、ケール、かぶ、大根、青梗菜《チンゲンツァイ》など）には、スーパーパワーの「インドール－3－カルビノール」が含まれています。肝臓で余分なエストロゲンを無毒化し、危険な代謝物に変換されるのを防ぎ、下半身を細くしていくための必須条件である、エストロゲン：プロゲステロンの比率をキチンと整えてくれるのです！

ブロッコリーには、スルフォラファンも含まれ、エストロゲンに対する作用のほか、解毒酵素の働きを飛躍的に高めることで発がんのリスクを軽減してくれますし、抗酸化酵素の働きを高めて、活性酸素を除去するなど、40歳ごろから気になりはじめるさまざまな美容・健康上の悩みの解消に役立ってくれます。

ブロッコリーには、農薬が落ちないようにワックスが使われていることが多いので、まず、これを落とすように洗いましょう。水をはじかないようになればOKです。フライパンに大さじ3程度の水と塩1つまみを入れ、煮立ってから、小房に分けたブロッコリーを加え、ふたをして、しばらく蒸してから食べます。

ブロッコリースプラウトは成熟したブロッコリーに比べ、約10倍のスルフォラファンが含まれます。日ごろから、殺虫剤、排気ガス、ペンキ臭、タバコの煙に接触する人、飲酒習慣のある人にとって、とくにありがたい解毒効果を発揮します。

最近では、スーパーなどでも手に入りますが、自分でも簡単に育てて収穫できます。キッチンベジタブルとして自分の手で育てたものを、毎日食卓にのせるようにできると、いいですね。

全体的なホルモンバランスに影響するエストロゲンの適切なレベル維持のためにも、ブロッコリースプラウト、そのほかアブラナ科の野菜は、毎日たっぷり食べましょう。

アボカドはミラクルフード！ダイエット、生理不順、ＰＭＳ、過多月経にも。

エストロゲンに対してプロゲステロンが低くなりすぎる傾向にある40代女性にとって、まさに、お助けマン的なフルーツが、アボカドです。

アボカドには多くの貴重な栄養素が含まれますが、とくに、ビタミンや脂肪酸、そして植物ステロールが特徴的です。アボカドに含まれる植物ステロールは、ホルモン系にも作用し、とくにエストロゲンとプロゲステロンへの影響が知られています。

アボカドにホルモン様物質が含まれるわけではありませんが、エストロゲンの吸収をブロックすることで、女性においてはプロゲステロンのレベルを、男性においてはテストステロンのレベルを上昇させるといわれます。**ダイエットのためばかりでなく、生理不順、**

PMS、過多月経などの症状軽減にも効果的です。

植物ステロールのほか、アボカドは体にいい脂肪酸の宝庫で、そのなかには、オリーブオイルにも含まれるオレイン酸もあります。さらに、葉酸、食物繊維、強い抗酸化力のある、グルタチオン、フラボノイド、カロテノイドなど、うれしい美健成分がたっぷり。

実際、βカロテン、ルテイン、ゼアキサンチンをはじめ9種類のカロテノイドが勢揃い。しかも、含まれる脂肪酸のおかげで、自らのカロテノイドばかりでなく、一緒に食べた食物のカロテノイドの吸収までよくしてくれるというスグレモノ。多くの研究で、健康的な関節、目、皮膚の維持によい作用が認められるほか、がん、心臓病、メタボリックシンドローム、肥満などの予防効果も証明されています。

貴重なカロテノイドは、皮の直下に集中しています。栄養価値をそっくり活かすには、皮が黒緑色になり、十分熟してから、包丁ではなく、手で皮をむいて食べるように……。

アボカドを手に持ち、種があたるまで縦に包丁を入れて、種に沿ってグルッと1周させます。手でひねって2つに分けたら、包丁の角で種を刺して、包丁をひねって種をとります。それぞれの身を縦半分に切れば、あとは手で簡単に皮がむけます。

野菜、フルーツは、いくら食べてもかまわないのです。

野菜やフルーツには、ビタミン、ミネラルをはじめ、抗酸化作用や抗腫瘍《しゅよう》（抗がん）作用などに働くフィトケミカル、余分なホルモンや有害物質の排出に役立つ食物繊維などが多く含まれ、ホルモンバランスを整え、あなたのスッキリ下半身を応援してくれます。

体が要求するビタミン、ミネラルなどの絶対量を食事で満たそうとすると、一日7キロの野菜やフルーツが必要という説があります。そこまで毎日食べられる人は、なかなかいないでしょうが、現在食べている量を少しでも増やす工夫はしたいものです。

日本人の野菜やフルーツの摂取量は、世界のレベルから見てあまりにも少なく、しかも年々、減少傾向にあります。平成23年の厚生労働省のデータによると、40代の人の野菜摂取量は、一日あたり255・6グラム。厚労省が推奨する350グラムに遠くとどきません。フルーツにいたっては40代の摂取量は、推奨量のわずか35％程度でしかありません。これでは、ホルモンバランスを崩しやすい40代のあなたが、スリムなナイスボディを目指すには少なすぎます。

どのような野菜やフルーツを選んでもかまいません。野菜であれば、とうもろこし、じゃが芋、かぼちゃ。フルーツであれば、バナナ、ぶどう、すいか。これらは、最小限に抑えるようにして、それ以外の新鮮な野菜やフルーツは、**カロリーを気にせず、制限なく食べてかまいません**。ただし、フルーツは生の場合に限ります。

フルーツは朝食として、また、食事の合間のおやつとして、甘いものが食べたくなったときにつまむようにするといいですね。デザートとして食べるのは好ましくありません。

加熱すればかさが減少するので、大量の野菜もらくらく食べられます。ただ加熱によって壊れる栄養素もあります。野菜やフルーツに含まれる栄養素&植物成分を最大限活かすには、ゴイトロゲンを含むもの以外は、ジューサーを使って生ジュースにする、ときには、ブレンダーでスムージーを作って、日々たっぷりとることを心がけましょう。

くるみ、アーモンドは空腹時のおやつにしましょう。

アーモンドやカシューナッツ、くるみ、ピスタチオなど、ナッツ類は下半身やせ応援食品。ホルモンバランスの調整にも、セルライト解消や美脚づくりのためにも不可欠な栄養素が豊富に含まれています。

ナッツの種類によって、脂肪酸やアミノ酸、代謝をサポートしてくれるビタミンやミネラルのバランス、その他の成分が違いますが、いい脂肪酸が多く、微量栄養素の宝庫です。腸内環境を整える食物繊維も多いので、下半身やせを目指すあなたのおやつとして最適です。**なかでもおすすめなのが、くるみとアーモンド。逆にピーナッツは、ちょっと控えたほうがいいい**かも。

セルライトを解消して美脚をつくるために、ぜひとりたいビタミンの一つといえば、強力な抗酸化力と血行促進作用があり、毛細血管を若返らせてくれるビタミンE。くるみやアーモンドには、ピーナッツに比べ、約3倍のビタミンEが含まれています。

また、体内のあらゆるバランスを整えるには、オメガ3系（リノレン酸）と6系（リノール酸）の脂肪酸バランスが、とても大切ですが、くるみの脂肪酸バランスは理想値（1：4）。くるみにもアーモンドにも、オメガ3系の脂肪酸が多いのに対して、ピーナッツには、ほとんど含まれていません。ピーナッツが悪いというわけではありません。ただ、ピーナッツにはレクチンという〝糖結合性〟たんぱく質が多いのが気になります。レクチンはインスリンの分泌を抑制したり、赤血球を凝集させる働きがあるとされ、糖質を多くとる傾向がある人には向きません。トラブルの元になりかねないのです。ちなみに、血液型がO型とB型の人にはピーナッツは向かないとされています。

ナッツ類には、酵素阻害物質が含まれているので、生のものは絶対に食べないこと。かならずローストしてある、塩で味つけされていないものを選びましょう。くるみは食べる前に、フライパンで適度に炒ったほうが、抗酸化力がアップします。

「ごま」を上手に食べて悪玉エストロゲンを減らしましょう。

30代後半から40代後半の女性の多くは、エストロゲンとプロゲステロンの比率が崩れやすく、下半身（お尻まわりや太もも）の脂肪増加や水分貯留ばかりでなく、生理周期の乱れやPMS、子宮・卵巣などのトラブルの要因にもなります。

〝悪玉エストロゲン〟を減らし、健康的なエストロゲンレベルの維持に働いてくれる「リグナン」は、40歳からの下半身やせには、まさにうってつけ。リグナンを摂取することにより、排出されるエストロゲンが増えることが裏づけられています。

リグナンは、多くの野菜やフルーツに含まれていますが、圧倒的に多く含まれているのが、フラックスシード（亜麻仁《あまに》）とごま。長年フラックスシードの含有量がトップと考えられていましたが、最新の研究では、ごまがトップに躍り出てきました。

ごまのリグナンは強力な抗酸化作用があるばかりか、血行を改善するビタミンEやフィトケミカルの吸収をよくしてくれます。フィトケミカルには代謝をよくしてくれるものもあり、**体脂肪燃焼に役立ってくれます。**ビタミンやミネラルも多く、コレステロールを下げる、血圧の調整、女性に増えている大腸がんや乳がんの予防にも効果があるそう。

ごまはそのままでは吸収されませんので、かならず炒ってから、グラインダーなどですりつぶして使います。小瓶に入れて食卓に置いて、何にでもふって食べるようにすれば知らず知らずのうちに、必要量をしっかり確保できるようになりますよ。

【ごまはちみつ】こんなアレンジもおすすめ

黒ごまとくるみを同量、フライパンで炒ってから、グラインダーにかけるか、すり鉢で粉状になるまですります。はちみつを適量加え、きっちりふたのできる瓶などに保存。作りおきして一日大さじ2食べるようにしましょう。冷え、むくみを改善、アンチエイジングにも！

そのほか、54ページでほかの食品についても紹介しています。

月経周期にあわせて、「シードサイクリング」を。

下半身やせを成功させるための理想的なエストロゲンバランスを保つには、**月経の周期にあわせて、ごまやほかの種（種子）を種類をかえて摂取する、「シードサイクリング」という方法があります。**とくに太りやすく、婦人科系のトラブルを抱えるあなたは、ぜひ試してみて。

まず、生理のスタートから卵胞期（1〜14日目）は、フラックスシード（亜麻仁のこと。油ではない）とかぼちゃの種をそれぞれ炒ってグラインド（すりつぶす）したものを、どのような食べ方でもかまわないので、一日大さじ1ずつとるようにします。

フラックスシードは、ごま同様にリグナンが多く、余分なエストロゲンをブロックし産生を調整してくれますし、かぼちゃの種は亜鉛が多く、プロゲステロンの放出を助けます。この2つを一緒に月経周期の前半にとることにより、エストロゲンの産生と活用を調整してくれます。

排卵とともにはじまる黄体期（15〜28日目）は、エストロゲンとプロゲステロンの分泌量が逆転。エストロゲンが減り、プロゲステロンが急上昇しますが、この時期には、ごまとひまわりの種が、体内のホルモンの自然なバランスと産生をサポートしてくれます。ごまのリグナンは余分なエストロゲンをブロックしてくれますし、ひまわりの種にはセレニウムというミネラルが多く、肝臓でのエストロゲンのデトックスをサポートしてくれます。ごまとひまわりの種も、やはり炒ってグラインドしたものを、一日にそれぞれ大さじ1程度食べるようにします。

数日で体が激変！　というわけにはいきませんが、3ヵ月程度つづけてみてください。

より効果を実感するには、月経周期の前半にEPA／DHAを（一日1500〜2000ミリグラム）、後半には、プリムローズオイル（月見草油）をとるといいといわれています。

よい油脂は、積極的にとりましょう！

ホルモンバランスを整え、健康になりながら、下半身をスッキリさせていくには、食生活から「悪い油脂」を排除し、「よい油脂」に置き換えていかなければなりません。

まず、絶対に口にすべきではない油脂といえば、マーガリンとショートニング。多くの加工食品や菓子類、パン、市販の揚げ物などに使われていますが、危険なトランス脂肪酸が含まれています。いい脂肪酸の代謝をブロックして、局所ホルモンの生産を邪魔するばかりか、肥満に関わるいくつかのホルモンとの関係も示唆されていて、健康上さまざまな問題を引き起こすことがわかっています。油を使ったお総菜の購入は極力避け、パンや菓子類などを購入する際にはかならずラベルを確認したいですね。

体全体のホルモンバランス、血糖値、コレステロール値、中性脂肪値、体温、水分量ほか、体内のさまざまなバランスの調整に働くエイコサノイドの原料となるよい油脂として積極的に摂取すべきなのが、オメガ3（ω3）系のエイコサペンタエン酸（EPA）とオメガ6（ω6）系のガンマリノレン酸（GLA）の含まれる油脂。40代になり、なかなかやせられないと嘆くあなたにとって、重要なポイントです。

オメガ6はリノール酸の多い油で、サラダ油、大豆油、コーン油、紅花油、ひまわり油などのほか、ボーレッジオイル、プリムローズオイル（月見草油）などが含まれます。このうち、ボーレッジオイルと月見草油はGLAが多く、「よい油」。それ以外はGLAは含まれず、精製された「好ましくない油」で、使用は最小限に抑えたいものです。

オメガ3のαリノレン酸は、えごま油、亜麻仁油に含まれ、体内でEPAにかわってくれます。ただ、変換率はせいぜい10％程度。EPAを直接とれる魚を食べるようにしたほうが、ずっと効率がいいのです。EPAの一日に必要な量を満たすには、いわしなら中くらいを2尾、さんまなら大ぶりを1尾、まぐろのとろなら50グラムほど。一日1回は魚を食べる習慣ができれば理想です。そのほか油脂については55ページを参照してください。

column1

エストロゲンのバランスを保つ食品

ここにあげる食品は、善玉エストロゲンを健康的なレベルに保ち、悪玉エストロゲンへの変換を抑制させる働きがあるとされるものです。なるべく頻繁に食べるようにしましょう。

- アルファルファスプラウト
- りんご
- 梨
- ベリー類（ブルーベリー、クランベリー、ビルベリー、ブラックベリー、ラズベリー、ざくろ）
- プリムローズオイル（月見草油）、ボーレッジオイル
- エクストラバージンオリーブオイル
- にんじん
- 乾燥豆、ひら豆、ひよこ豆、緑豆
- 遺伝子組み換えでない、オーガニックの発酵大豆食品（納豆、テンペ、みそ、しょうゆ、発酵大豆パウダー）
- ごま、亜麻仁（リグナンが含まれる）
- 米ぬか
- 小麦胚芽、大麦
- 胚芽米、無漂白のオート麦
- ワイルドヤム

column2

油脂についての10ヵ条

1 マーガリン、ショートニングは口にしない
（適量のバターを使うのがベスト。バージンココナッツオイルもOK）。

2 油を買うときは、すぐに使いきれる量を。冷暗所に保管し、早めに使いきる。

3 酸化しやすい油（しそ油、亜麻仁油など）は加熱調理に使わない。

4 加熱調理には、良質なバター、オリーブオイル、ごま油を使う。

5 αリノレン酸が多く含まれる油（えごま油、亜麻仁油）と
リノール酸油（コーン油やサフラワー油など）を混ぜて使わない。

6 冷凍の過信は禁物。冷凍中も油脂の酸化は進んでいる。

7 揚げ物は食べない（とくに揚げてから時間がたったもの）。

8 一日1食は魚を食べる。食べられないときは、加熱していないしそ油か亜麻仁油を一日大さじ1、
サラダのドレッシング、ヨーグルトに加えるなどして食べる。EPA／DHAのサプリメントもよい。

9 酸化しやすい油を使う場合は、いつも以上にビタミンEなどの抗酸化栄養素を多く摂取する
（体内に入ってからも酸化しやすいため）。

10 GLAはプリムローズオイル（月見草油）、ボーレッジオイルなどのサプリメントで補給する。

すべてのオリーブオイルが健康にいいわけではありません。

亜麻仁油、えごま油、魚油などオメガ3系の油は、酸化にとても弱いという特徴があります。αリノレン酸系の油は、熱を加える調理に使うことは避け、ドレッシングに使う、ヨーグルトに混ぜるなどして食べましょう。

加熱をしても比較的酸化しにくいバター、ごま油、オリーブオイルなどは、調理に向く油脂といえます。炒め物などには、これらを適量使うようにしましょう。

オリーブオイルはオメガ9系の脂肪酸で、ＧＬＡもＥＰＡも含まれてはいませんが、ホルモンバランスにはよい働きをしてくれます。抗酸化栄養素が多いだけではなく、オレウロペインという物質がアロマターゼの働きを阻害。余分なエストロゲンの産生を阻止してくれるのです。ただし、こうした作用があるのは、オリーブオイルのなかでも、エクストラバージンオリーブオイルに限ります。

「オリーブオイルが健康にいい」といわれるようになってから、さまざまな種類が市場に出回るようになりました。それらを大きく分類すると、オリーブの果実をそのまま搾った「バージンオリーブオイル」と一番搾り後に残った油分を有機溶剤で抽出して精製した「精製オリーブオイル」、バージンオリーブオイルと精製オイルをブレンドしたもの（ピュア、ライト）の3つに分けることができます。バージンオイルはさらに、細かく分類されますが、その最高級ランクがエクストラバージンオリーブオイルです。

日本には、さまざまな品質のオリーブオイル製品（あるいは原料）が輸入されていて、まさに玉石混淆《こんこう》の状況。その品質や表示基準は曖昧《あいまい》で、かなり低品質のオイルにまで、「エクストラバージンオイル」というラベルが貼られていたりするのが現状です。

高価なものほどいいとはいえませんが、ペットボトルや大きめの容器で安く販売されているようなものは避けたほうが無難でしょう。「オリーブオイルは健康にいい」とは限りません。生産過程での酸化やトランス脂肪酸への転換は起こり得ます。賢く選びたいですね。

「たんぱく質」をしっかりとることを最優先に。

最良のホルモンバランスのためにたんぱく質がどれほど重要かは、いくら強調してもしすぎではありません。口にしたたんぱく質食品は、消化を経てアミノ酸に分解され、体内に入ってから再編成され、筋肉、内臓、皮膚、骨、血液、酵素、ホルモン、遺伝子などの主成分になります。

たんぱく質は、私たちの体をつくり働かせる重要な栄養素であり、不足すれば、ホルモンも酵素も働かなくなり、代謝機能は低下。エネルギーづくり、肌や組織の修復、筋肉の維持ができなくなり、体脂肪もつきやすくなります。

〝ダイエットのために肉類を控えている〟という女性も多いのですが、とんでもない！

たんぱく質は、食べたあと、糖質や脂質よりも体内で熱エネルギーにかわりやすく、食事で摂取したエネルギーのうち、消化・吸収の過程で、熱となって放出される割合が糖質や脂質に比べて3倍以上。つまり、**たんぱく質を食べたほうが、消費エネルギーが増え、やせ体質をつくりやすい**ということです！

とくに、夕食はたんぱく質を中心に食べることを心がけましょう。寝ているあいだに成長ホルモンが分泌され、体内の修復作業に働きます。**夕食にたんぱく質をしっかり食べておくと、修復作業が効率よくおこなわれ、蓄積した体脂肪も燃えやすくなる**のです。

たんぱく質には、肉や魚、卵、乳製品などに含まれる動物性たんぱく質と、大豆や穀物などに含まれる植物性たんぱく質とがあります。動物性と植物性を合わせてとることで、体内での有効利用率が上がります。動物性食品は抱き合わせで脂肪もとることになりますので、脂身の少ない赤身や鶏肉などを選ぶようにしましょう。

一日に必要なたんぱく質量は、年齢や生活環境、運動量、健康状態などによってかわってきます。最低でも体重の約1000分の1は摂取したいもの。自分の手の指先から手首までの大きさと手の厚さを一食あたりの目安量とし、毎食、意識してとりましょう！

炭水化物にも、正しい選択があるって知ってました？

血糖値の安定は、やせるためにはもちろん、スローエイジングや病気予防の重要な要素でもあります。ここに大きく関わっているのがインスリンというホルモンです。

炭水化物は、糖質（消化吸収される）と食物繊維（消化できない）の2つのグループに大きく分けられます。糖質は優先的にエネルギー源として使われる栄養素ですが、血糖値の急上昇を招き、「糖化」の問題を引き起こし、体脂肪の蓄積を増やすことに……。それも、女性ホルモンの影響で下半身への蓄積となります。

糖質は多くの食品に含まれますが、問題になるのは、ご飯やパン、パスタなどに含まれるでんぷん質や、菓子・デザート類に含まれる砂糖など。これらは急激に血糖値を上げ、インスリンの洪水を招きます。また、その対応で、いくつかのホルモンの出動が余儀なくされ、ホルモンバランスが乱れやすいといえます。

もう一つのグループ、食物繊維は、逆に血糖値の上昇をゆるやかにしてくれます。**食物繊維の多い食品としては、野菜やフルーツ、豆類などで、これらのほとんどはカロリーを気にすることなく食べて問題ありません。**腸内の善玉菌のえさになり、余分なエストロゲンの排出を助け、ホルモンバランスの調整にもプラスに働いてくれます。

「糖質制限ダイエット」では、果糖が多く含まれるフルーツ類は御法度とされています。しかし果糖は、ブドウ糖のように血糖値を急激に上げることはありませんし、ビタミンやミネラル、食物繊維ほか、さまざまなフィトケミカルの宝庫でもあるので、いくつかのフルーツを除いて、制限する必要はありません。

ご飯やパン、パスタなどを食べる場合は、一回の食事で、自分の握り拳の大きさを目安にするといいでしょう。糖質を減らしても、十分なたんぱく質＋食物繊維＋適切な油脂を食べれば、空腹感はないはずです。甘いものを渇望するようなら、ビタミンB群不足やセロトニンレベルの低下が考えられます。これについては、次章でお話ししましょう。

column 3

減らしたい炭水化物・増やしたい炭水化物

減らしたいグループ―― **糖質**

穀類	米、小麦粉、パン、麺類(中華麺、パスタ、うどん、そば)、せんべいなど (未精製のほうが血糖値の上昇はゆるやかですが、糖質であることにかわりありません)
野菜類	かぼちゃ
芋類・豆類	里芋、さつま芋、じゃが芋、山芋、緑豆(春雨)など
市販のおかず	芋の煮物、甘い煮豆、佃煮、ギョーザ、シューマイ、天ぷら、とんカツなどの揚げ物(衣)、甘いえびチリや酢豚など
調味料	ケチャップ、ソース、みりん風調味料、甘みそ(甘い調味料は少量で味つけて)、ノンオイルドレッシング、マヨネーズには糖質が添加されているものもあるので注意
飲み物	市販のフルーツジュースや野菜ジュース、清涼飲料水、スポーツドリンク、ヨーグルトドリンク、栄養ドリンクなど
甘味料	砂糖、黒糖、水あめ、人工甘味料
フルーツ	バナナ、ぶどう、すいか

＊とる量の目安は、一食あたり、すべて合わせて自分の握り拳大を上限に。

増やしたいグループ―― **食物繊維**

野菜	**緑黄色野菜** 特にアブラナ科の野菜（ブロッコリー、ブロッコリースプラウト、小松菜、クレソン、青梗菜、野沢菜、大根の葉、かぶの葉など） その他：ほうれんそう、にら、オクラ、パセリ、さやえんどう、春菊、サラダ菜、しそ、にんじんなど **淡色野菜** 特にアブラナ科の野菜（カリフラワー、キャベツ、芽キャベツ、白菜、大根、かぶなど）、もやし、きゅうり、レタス、セロリなど
海藻	ひじき、わかめ、昆布、とろろ昆布、めかぶ、もずく、ところてんなど
きのこ	しいたけ、しめじ、ぶなしめじ、えのきだけ、まいたけ、エリンギ、ふくろたけ、きくらげなど
こんにゃく	刺身こんにゃく、板こんにゃく、玉こんにゃく、しらたきなど
フルーツ	さくらんぼ、オレンジ、マンゴー、メロン、パパイヤ、キウイ、パイナップル、アボカド、プラム、りんご、梨、みかんなど

＊小食の人は、肉などのたんぱく源を確保する前に食物繊維でお腹いっぱいにならないようにしましょう。

食べる順番には、ちょっとしたコツがあります。

あなたのホルモンバランス&スリムアップのためには、食べる内容はもちろんのこと、その食べ方も重要です。**消化を意識した食べ方に切り替えるだけでも、みるみるあなたの体はかわってきます。食べる順番に気をつけ、よく噛んで食べる。食事時には、食べることだけに集中する。**そんな簡単なことだけでも、大きな差が出てくるのです。

食べ方の順番としては、消化しやすいもの、胃を早く通過しやすいものから先に食べるようにします。理想的には、①水や生ジュース↓フルーツ、②スムージー、スープ（種類による）、③野菜類、④豆類および穀物類、⑤魚介類↓鶏肉↓牛肉・豚肉の順番で、液体↓生もの↓調理したもの（糖質↓たんぱく源↓脂肪の多いもの）と、食べ進めます。

どのようなものであっても、食べるときは、よく噛むことを意識しましょう。正常なホルモンバランス、スムーズな代謝のためには、多くの栄養素が必要ですが、それら栄養素をきっちり体内に入れて、活用するには、良好な消化吸収が必要です。そのためには、きちんと食べ物を噛み砕くことからはじめなければなりません。

早食いのあなたは、一口食べ物を口に入れるたびに30回以上は噛むようにしましょう。いつもよりずっと少ない量でも、満足感、満腹感を得ることができるはずです。

よく噛むことで顔面筋肉の血流もよくなります。頸《けい》動脈や脳の血液が増え、若返りホルモンであるパロチン分泌も活発になります。その他、脳下垂体の働きを刺激し、ホルモンの分泌などにもプラスに影響し、太りにくく、やせやすくなるという、嬉しいおまけまでつくのです。

もう一つ気をつけたいのは、食べるときには、食べることに集中するということ。本を読みながら、テレビを見ながら、仕事をしながらなどのように、**何かをしながら食べ物を口に運ばない**こと。ながら食いは、集中力が分散され、食べすぎにつながりやすいだけでなく、消化にも好ましくありません。

低温調理でやせやすい体にしましょう。

同じ食物でも調理法によって、肥満をつくりだす場合と、スリムボディづくりの助けになる場合があります。しかし、**一般的な調理法が食物を毒素にかえてしまう**ということは、あまり知られていません。どのような食品でも、150℃以上で調理されると、そこに含まれる糖質、脂肪、たんぱく質などに化学変化が起こり、体内に入ってほしくない毒性のある化合物が生成され、その食品を食べると細胞がダメージを受けるといいます。

ある研究では、よく焼いた肉を食べる女性の乳がんになる確率は、肉をレアやミディアムで食べる女性に比べ50%以上高いとしています。よく焼いた肉やハンバーガー、ベーコンを好んで食べる女性の乳がんのリスクは、4・6倍になるという別の研究もあります。

2000年の研究では、同カロリーの炭水化物、脂肪、たんぱく質を高温調理と低温調理したもの、それぞれを糖尿病患者にあたえたところ、低温調理の食事をしたグループは、著しい減量効果があったばかりか、血糖値も低下。悪玉コレステロールも、高温調理グループが32%も増加していたのに対し、低温グループは、33%減少したといいます。

高温調理によってつくりだされる物質が、「糖化」によってつくられるAGEs（終末糖化産物）の一種であることが近年、特定されました。糖化は、糖の分子がたんぱく質分子と結びつき、たんぱく質構造（機能）を破壊していく現象。体内のさまざまな器官や組織に影響をあたえ、老化を進めます。ホルモン系に大きな衝撃をあたえるのも当然です。

AGEsは、加熱しすぎた食品や高温調理食品に含まれます。ジャンクフードと呼ばれる食品のほとんどがこれにあてはまりますから、なるべく口にしたくないですね。

食品そのものに含まれるAGEsを完全に避けることは不可能ですが、調理法によって減らすことはできます。**揚げる、直火で焼くなどの調理法は極力避け、蒸す、ゆでる、煮込む、低温で調理する、マリネにするなどの調理法に切り替えましょう**。家庭でも実践できる真空調理法は、低温調理の決定版。とくにおすすめです。

薄味は、下半身やせの極意。

濃い味好みでは、下半身やせを加速できません。塩分のとりすぎで体内のナトリウムが多くなると、体内に水分が溜まりやすくなります。とくに下半身に……。静脈血やリンパ排液も滞りがちになり、セルライトの形成にもつながっていきます。

一般的に、歳を重ねると濃い味からあっさり味へとかわっていく傾向にありますが、逆に、濃い味を好むようになり、下半身太りに拍車をかけている女性も多いようです。

加齢とともに、舌にある味覚センサーの細胞が減少することで感度が鈍り、少しずつ味がわかりにくくなります。もっとも感度の低下を自覚しやすいのは塩味。塩味の感度が低下すると、料理の味が薄いと感じ、無意識のうちに濃い味好みになります。塩分ばかりか糖分の摂取量も増え、その結果、水分貯留、脂肪蓄積に結びつきます。

味覚が鈍感になるのは、亜鉛不足とも関連づけられます。このミネラルが不足するとストレスを感じやすくなってイライラしたり、不眠になることも……。亜鉛不足は甲状腺ホルモンの低下を招き、基礎代謝の低下にもつながります。亜鉛が多く含まれる牡蠣《かき》をはじめ、普段から、牛や豚のもも肉、納豆、ごま、ナッツ類などを積極的にとりたいですね。

副腎が疲労してきているときにも、「塩辛い食べ物」や「甘い食べ物」を渇望するようになります。ストレスの多い環境下では、副腎皮質から、コルチゾールほか、ストレスホルモンが盛んに分泌され、副腎は疲れていきます。甲状腺ホルモン、インスリン、エストロゲン、テストステロンなど、多くのホルモンの働きを阻害することにもなります。その影響で、疲れやすくなり、塩分や糖分をより多く欲してしまうのですね。

スパイスを使って塩分を減らす工夫をするなど、普段から薄味を心がけるとともに、ナトリウムを追いだしてくれるカリウムが多い野菜やフルーツを日々たっぷり食べたいですね。スパイスとしては、エストロゲンのデトックスを邪魔する、唐辛子、ターメリックは避け、ブラックペッパー、しょうが、にんにくなどを。まずストレス解消が必要かも！

食事は、午後8時までにすませて。

夜ふかしが日常的になっているあなたは、ついつい夕食も遅くなっているのでは？寝ている間に組織の再生、細胞の修復をし、基礎代謝アップにも関わる成長ホルモンにしっかり働いてもらうためには、夕食でたんぱく質を十分にとらなければなりません。

ただ、たんぱく源となる肉や魚は、消化に時間がかかります。夕食に食べたら、少なくともそれから数時間かけて消化されることになります。それを考えると、**夕食は寝る3～4時間前にはすませておきたい**もの。胃液の分泌がピークを迎える夜の8時ごろまでに食べるのが理想です。それ以降の食事は、血糖値が上がりやすくなり、脂肪も蓄積しやすくなります。

夜の10時から午前2時は、脂肪組織内に多く含まれる「ＢＭＡＬ１」というたんぱく質が、もっとも増える時間帯。これは、昼夜の生活リズムを刻む体内時計を調整していますが、脂肪の蓄積も指図しています。ＢＭＡＬ１が多くなる時間帯に口にした食べ物は、ストレートに脂肪として蓄えられ、あなたの下半身をどんどん肥大させていくことに！　**どんなに遅くとも夜の10時前までには、食べ終わるようにしたい**ですね。

仕事の関係でそれまでに夕食がとれないのであれば、早めの時間帯に、せめて、ゆで卵、チキンスライスなどをつまんでおきましょう。10時を過ぎてしまったら、「トリプトファン」が多いバナナやヨーグルトを食べるだけにとどめることです。トリプトファンは体内で神経伝達物質の「セロトニン」にかわって、精神を安定させてくれます。睡眠を促す作用もあるので、不眠症の人にも効果的です。

逆に、脳の化学刺激物質であるノルエピネフリンの分泌を増やして交感神経を興奮させ、睡眠を妨げる「チラミン」という物質が含まれるチーズ、ハム、ソーセージ、ベーコン、なす、じゃが芋、ほうれんそう、トマト、砂糖、チョコレートなどは、10時以降は口にしないことです。もちろん、カフェインが入ったコーヒーや紅茶も御法度です。

「発酵食品」で、腸内環境をバランスアップ。

近年、腸内フローラの存在が大きくクローズアップされています。腸内にすみつく微生物をめぐる急速な研究の進展で、腸内環境が私たちの健康に大きく関与していることがわかってきました。良好なホルモンバランスに重要な役割を果たしていることも……。

善玉菌のなかには、エストロゲン代謝をサポートする重要な酵素を産生しているグループがいます。逆に、本来排出されるべき余分なエストロゲンを血中に再吸収させてしまう酵素をつくる悪玉菌もいます。つまり、腸内フローラは、ホルモンを排出してバランスを保つために不可欠なデトックスシステムの一部としても働いているのです。

私たちの腸内には、体の全細胞の10倍以上、数にして1000兆以上、5万種類、総重量にして1・5キロにもおよぶ微生物（腸内細菌）がすんでいます！

人相や手相が、人それぞれ違うように、腸内フローラも人によって異なり、その人特有のフローラを形成しています。善玉菌が優性に保たれている腸内フローラは、あなたのホルモンレベル、とくにエストロゲンレベルをいつも最適に調整してくれるのです。

しかし、食事内容や加齢、ストレス、抗生物質や薬物の使用、ホルモンバランスの乱れなどによって、腸内フローラは簡単に悪玉菌優勢に傾きます。エストロゲン優勢の状態がつくられ、ほかのホルモン類のバランスも崩れ、太りやすくなる（もちろん下半身中心に）ほか、あなたの美しさと健康を奪っていきます。

現代人の食生活においては、意識して努力しなければ健康的な腸内フローラを維持することはできません。**日ごろから食物繊維や発酵食品などを十分にとり、善玉菌を増やして腸内フローラを整えることが、ホルモンバランスのため、下半身やせにも不可欠**です。

発酵食品は、腸内環境を善玉菌優勢に保つ強い味方。発酵によって生まれた活性物質が体内のビフィズス菌などの善玉菌を増やし、悪玉菌を抑えてくれます。**発酵食品の代表格、ヨーグルトや納豆、キムチなどを、日々の生活にうまくとり入れましょう。**

〝ゼロ食品〟にご用心！人工甘味料は絶対にNGです。

近年、続々登場してきている、カロリーゼロ、糖類ゼロといった「ゼロ食品」は、カロリーや糖分を気にするあなたにとって強い味方、とてもありがたい存在でしょう。でも、「カロリーゼロ」や「無糖」などの表示がされているからといって、実際にカロリーがゼロとは限りません。また、清涼飲料水などに使われているキシリトールやソルビトールなどは、糖質の仲間であっても糖分ではありません。そのため、これらは、いくら含まれていても「無糖」の表示ができるのです。ちなみに、キシリトールと砂糖のカロリーは、ほとんど同じです。ガブ飲みしていたら、とんでもないことに！

ゼロ食品の多くには、人工甘味料が使われています。**人工甘味料は、砂糖以上に注意す**

べき存在。体の酵素系に負担をかけ、水分の停滞を招き、さまざまな健康上のトラブルにつながることが報告されています。人工甘味料は、糖分を含まないにもかかわらず、糖代謝に影響を及ぼすことがわかっています。まず、「肥満ホルモン」であるインスリンやインクレチンの分泌を促進します。腸内フローラを変化させ、グルコース不耐性と代謝性疾患をつくりだすという、イスラエルの研究もあります。さらに、さまざまな研究で、**砂糖以上に太りやすい**ことも証明されているのです。

「ゼロ食品は、とっていない」と思っているあなたでも、お菓子やスナック、カップ麺、清涼飲料水、ヨーグルト、さらには、みそやふりかけ、佃煮などにも人工甘味料は添加されているので、知らず知らずのうちに口にしているかもしれません。

「カロリーゼロ」とか「糖質ゼロ」の食品はもちろん、それ以外の食品を買うときにもかならずラベルを確認。アスパルテーム、アセスルファムK、ソルビトールなどの甘味料を使っているものは避けるようにしましょう。こうした甘味料をシャットアウトすると、体は甘みだけでなく塩けも要求しなくなり、自然と薄味好みに！　そして、体重1～2キロは、すぐに落ちますよ♪

コーヒーやお茶など
カフェインはおすすめしません。

ホッと一息つきたいとき、頭をシャキッとさせたいときなど、一杯のコーヒーが救いになります。でも、ホルモンバランスにとっては、けっして好ましい飲み物ではありません。コーヒーなどに含まれるカフェインは、視床下部―下垂体―副腎（ＨＰＡ）軸の活動に強く影響を及ぼし、体のストレス対応力を直撃します。カフェインは、安静時のコルチゾールとアドレナリン値を強いストレスを受けたときと同レベルまで上昇させます。つまり、**カフェインをとることでストレス状態をつくってしまう**ということ。ストレスを和らげようとコーヒーを飲む人は多いのですが、それによって体はさらなるストレスを抱え込んでしまうことになるのです。

また、肝臓でカフェインが代謝されるときも、エストロゲンの代謝と競い合ってしまうため、代謝速度が低下する、きちんと分解されないなどの問題が……。余分なエストロゲンが血中に増えることにもなってしまいます。

さらにカフェインは、鉄分の吸収を阻害するばかりか、亜鉛、カリウム、カルシウムなどのミネラル、ビタミンCやB群も奪います。当然ホルモンの働きにも影響しますし、エネルギー代謝や水分代謝をはじめ、多くの体内の働きに支障が出てきます。微小循環系に最悪の影響もあり、下半身やせにとってマイナス要因ばかりです。

カフェインは、コーラ類や、緑茶、紅茶、ほうじ茶、ウーロン茶、番茶、ココアやチョコレート、栄養ドリンク剤、かぜ薬や頭痛薬などの鎮痛剤にも、高濃度で含まれています。思っている以上にあなたは、カフェインを体に入れているはずです。

緑茶のカフェイン量はコーヒーの半分から3分の1程度で吸収もおだやか。ポリフェノールも多く、緑茶に含まれているL-テアニンは、カフェインのマイナス作用を打ち消してくれます。とはいえ、残留農薬の心配が……。水分補給は、ミネラルウォーターをベースに、カフェインを含まない、麦茶や各種ハーブティーで。

アルコールは、ときどき楽しむ程度に。

健康のためにはもちろん、下半身やせのためにもアルコール類は飲まないに越したことはありません。これまで考えられていた「適量」より、ずっと少ない飲酒でも、脳にダメージをあたえ、肝臓がん、胃がん、大腸がんなどのリスクも高まることがわかってきています。**アルコール類はホルモン系にも影響があり、女性のエストロゲンレベルを上昇させ、乳がんのリスクも増加させる**という研究もあるのです。

1週間にグラス3杯程度のワインでも乳がんのリスクが増加するという報告があることを考えると、週に1回グラス2杯程度のワインを楽しむくらいが無難でしょう。ワイン以外であれば、乙類－芋焼酎、麦焼酎などがおすすめ。これを水やソーダなどで割って飲むことで全体量を増やしてもかまいませんが、焼酎そのものは100ミリリットルを超えないように気をつけましょう。

アルコール類は高カロリーなうえに、多くの栄養素を消耗し、体温調整メカニズムを狂わせ、脂肪も蓄積しやすくします。下半身やせに関係する多くの栄養素―マグネシウムやビタミンB群―の欠乏を招くばかりか、アルコールの代謝時には、活性酸素が暴れ回り、あなたの細胞や血管壁を傷つけ、美脚づくりにもマイナスに作用します。

飲むときには、豚肉、チーズ、いわし、まぐろ、豆類、ナッツ類など、たんぱく質+ビタミンB群が豊富なおつまみを一緒に食べるようにしましょう。お酒を飲む前と、飲んだあとにビタミンB群のサプリとともに抗酸化栄養素をたっぷりとっておくと安心です。

また、**アルコールには、糖をエネルギー化せず、脂肪にしてしまう作用があります。**おにぎりや焼きそば、ラーメンでシメ！　なんて、やめましょうね。

最近では、ノンアルコールのドリンク類も多くお目見えしています。お酒の席の雰囲気を壊さずにすむので重宝しますが、合成添加物てんこ盛りで見せかけの味と香りをつくっているもの。ナイスボディを目指すあなたには、正直おすすめできません。

体脂肪を増やさない外食テクをマスターしましょう。

外食は基本的にカロリー過多、炭水化物過多、ビタミンやミネラル不足、好ましくない油脂の過多などなど、理想の食生活からはほど遠い存在です。でも、仕事上やプライベートのおつき合いでどうしても外食せざるを得ないこともあるでしょう。そのようなときのために、体脂肪を増やさない外食テクを伝授しておきましょう。

外食時に重要なのは、肉や魚介類などのたんぱく質を必要量確保できるお店を選ぶことです。一品料理のあるイタリアンレストラン、鍋物専門店や焼き肉店、ファミレスもおすすめです。ファミレスがいいのは、メニューが写真入りなので、大体の分量や調理法、つけ合わせなど、必要な情報を確認してから注文できることです。

席に着いたらまず、メニューからたんぱく質として何を選ぶかを決めます。鶏肉でも、牛肉でも魚介類でもかまいませんが、高たんぱく食材で、自分の手の厚さと大きさ程度の量が確保できるものを選びます。一品でその量が確保できなければ、2品あるいは、3品合わせてもかまいません。

揚げ物や濃いソースでの煮込み料理は避け、刺身やカルパッチョのような生食系か、照り焼きやソテーのような調理法のものを選びます。スープを加えるなら、クリームスープ系は避け、コンソメ系を。

つけ合わせがじゃが芋やコーンであれば、それらは食べず、かわりにグリーンアスパラガスとか、ほうれんそうのソテーとかを1品つけ足します。料理が出てくるまでに口寂しければ、サラダを先に持ってきてもらいましょう。ドレッシングは少なめに……。

つぎに一緒に食べる糖質を決めますが、全体量として自分の握り拳の大きさを目安にします。この糖質の枠は小さいので、食べるなら自分が最も楽しめる食品を選んだほうがストレスを溜めずにすみます。デザートを楽しみたいなら、パンやご飯、パスタはパス。アルコールもこの枠内で考えるので、ワイン1杯を飲むなら、デザートはパスします。

column 4

外食時の重要なポイント

1 適切な店を選ぶ

外食でまず気をつけるべきは油、そして糖質。したがって、とんカツや天ぷらなどの揚げ物、丼物、ご飯やパスタ主体のメニューしかない店は避けましょう。

2 飲食店には余裕を持って到着する

空腹感が極限に達しているようなときは、とかく、早食い、ドカ食いになりがちです。

3 まず、メインディッシュのたんぱく質を何にするか決める

体脂肪を効率よく落としていくための食事は、たんぱく質の確保が重要課題。高カロリーになりすぎないで、良質なたんぱく質をいかにとっていくかがキーポイントです。

4
分量の目安を覚える
一回の食事のたんぱく源は、自分の手の大きさおよび厚さをかならず確保します。糖質（じゃが芋、とうもろこし、ご飯、パスタ、麺類、デザートのスイーツ、アルコール類など）は、あわせて握り拳一つ分。この目安は外食時だけでなく、家で食事する場合も覚えておくと便利です。

5
ポテトやパスタのかわりに、野菜をたっぷり食べる
外食が多いとどうしても、ビタミン、ミネラル、食物繊維などが不足しがちです。生野菜や温野菜のサラダはもちろん、煮野菜、お浸し、ごま和えなどをしっかり食べてください。

6
塩分のとりすぎに注意する
外食はどうしても味つけが濃いめです。麺類を食べるときには汁は残すように。また、外食先ですでに調理してあるものの塩分を薄くすることはできませんので、それ以上濃くしないよう、ソース、しょうゆ、塩などを出てきた料理にプラスして使わないように気をつけましょう。

身のまわりには、ホルモンバランスを乱すものばかり。

私たちの身のまわりは、ホルモンバランスを乱す――とくにエストロゲンの作用にさまざまな影響を及ぼす化学物質で溢れかえっています。これら物質はキセノエストロゲン（環境ホルモン）と呼ばれ、**体内に入ると長期間、排出されることはありません。**

ＤＤＴは、すでに何十年も前に使用が禁止された殺虫剤ですが、世界中で大量にばらまかれ、いまだに環境のなかに残存しています。ゴミを焼却することで発生するダイオキシンは、エストロゲン阻害物質であるとともに甲状腺ホルモンを攪乱《かくらん》。ＰＣＢはエストロゲン様作用に加え、甲状腺と副腎皮質ホルモンを攪乱します。これらのほかにも数えきれないほどの化学物質が環境にばらまかれ、いったん動物の体内に入ると脂肪内に長期残留。

食物連鎖を通じて蓄積が進み、上位の捕食動物になるほど濃度が増していきます。私たちはそれらの上位捕食動物を食べますから、高濃度の環境ホルモンをとり込むことに……。

農薬、PCBやダイオキシンのように環境にばらまかれ、水や食物を通じて体内に入ってくるものばかりではありません。普段使っている身近な製品―殺虫剤、化粧品類、シャンプーやコンディショナー、消臭剤、石けんや各種洗剤、柔軟剤、漂白剤、プラスチックやラップ類、缶詰（内側コーティング）などを通じても、環境エストロゲンは私たちの体内に進入してきます。

牛肉の飼料には、数種類の合成あるいは天然のエストロゲンなどのホルモン剤が使われているケースもあります。多くの植物にエストロゲン様物質が含まれています。養殖魚には多くの抗生物質が使われます。保存がきく便利な加工食品類には、多種多様の目的で多くの化学合成の添加物が使われ、まさに化学物質のかたまりです。

直接エストロゲン様作用を起こすものを含め、私たちは年間2万5000種類以上、重さにして8キロ以上もの化学合成物質を体内にとり込んでいるといわれます。デトックス器官に多大な負担をかけながら、ホルモンバランスの破綻を招いているのです。

なるべく化学物質は避け、自然に近いものを。

一つの食品に含まれる環境ホルモンほか化学物質はそれぞれ極微量です。それが体内に入ったからといって、即体調が崩れることはないでしょう。でも、私たちの生活のなかに実際こうした物質がどれだけ入り込んでいるのか、これらが一緒になったときの相乗作用や長期にわたっての影響など、誰もその安全性を確認していないのです。

現代人の快適な生活、便利な食生活は、多くの化学物質によって支えられています。100年前くらいにタイムスリップするならいざ知らず、こうした物質を完全にシャットアウトすることは不可能です。でも、**こうした物質との接触を極力避けることで、ホルモンバランスを最適に保つことはできるはず。**今すぐ、はじめられることは……。

1. 加工食品は極力カット。なるべく加工度の低いものや自然食材を調理して食べる。
2. 加工食品を買う場合は、ラベルを確認し、少しでも表示添加物が少ないものを選ぶ。添加物のなかには表示義務がないものや、一括表示が許可されているものもあるので一概には判断できませんが、少なくとも添加物まみれのものは避けられます。
3. 農薬を使っていないオーガニックの野菜やフルーツ（皮や葉の部分ほど栄養価値があり、丸ごとそっくり食べるのが理想なので）、無農薬・遺伝子組み換えでない飼料を使い、ホルモン剤や抗生物質フリーで育てられた牛・豚・鶏などの肉類を調達。
4. 脂肪を避ける。これら有害物質は脂肪に溜まる傾向があるので肉類・魚類の脂肪の多い部位は避けます。自分の体脂肪も減らさないと、まずいですね。
5. 食べ物や飲み物の保存や加熱に、プラスチック容器は使わない。
6. 市販の弁当や食材を容器のまま、あるいはラップをかけてレンジでチンは避ける。

こうしたことを実践しつつ、体内の解毒器官が最大限働けるようサポートしていけば、その影響を最小限に抑えることが可能でしょう。

オーガニック食材を調達するのが、難しいのなら。

ホルモンバランスをかき乱す、残留農薬やダイオキシン、肉類に使われるホルモン剤、肉や養殖魚に使われる抗生物質、その他環境ホルモンの汚染物質から身を守るには、できる限り、有機栽培や特別栽培の野菜やフルーツ、無農薬・遺伝子組み換えをしていない飼料で育てられ放牧されている牛、ＳＰＦ豚、地鶏などの食材を調達したいもの。

とはいえ、それが常に可能とは限らないでしょう。そこで、一般的にスーパーなどで販売されている食材を、より安全に食べるにはどうしたらいいか考えてみましょう。

まず、**野菜・フルーツであれば、重曹水に30秒～1分浸してから、外皮をたわしでゴシゴシよくこすり、十分に流水で洗いましょう。**皮をむく、キャベツなどの野菜は外側の葉を何枚か排除する、かぶの葉、大根の葉などは使わないようにするなどの注意も必要です。本来こうした部分こそ栄養素が高いので丸ごと食べたいところですが……。

キセノエストロゲンほか化学物質の多くは、脂肪組織に蓄積します。肉類は、脂肪の少ない部位（ヒレやもも肉）を選ぶとともに、とり除ける脂肪部分は極力切り落としましょう。レバーは解毒器官。解毒されずに有害物質が残っているので、食べないように。

魚介類の場合、これら物質は魚肉やわた部分に溜まります。養殖魚は避け、天然ものを。といっても海洋汚染の不安はあります。肉同様、脂の多い部位は避け、赤身を選びましょう。生物濃縮というメカニズムにより、食物連鎖で上位の捕食動物になるほどキセノエストロゲンは何十倍にも濃縮しています。大きい魚の切り身より、一匹丸ごと食べる小さい魚のほうが安心です。有機水銀は頭の神経細胞、環境ホルモンはえらとわたに残留するので、魚の頭は落とし、えら、わたはとり除いてから、流水でよく洗いましょう。

肉にしろ、魚にしろ、調理前に湯通しすれば脂肪と一緒に汚染物質が溶け出てくれます。さらに、しょうゆ、みそ、酒粕《さけかす》などにつける（つけたたれは捨てる）ことで、不安物質は減ってくれます。

肝臓デトックスで下半身への脂肪誘導をストップ！

体外から運び込まれてくる多くの有害物質や体内で発生する有害物の解毒（デトックス）を一手に引き受けているのが肝臓。余分なエストロゲンも肝臓で分解され、腸を通じて体外に排出されます。多くのホルモンの原料となるコレステロールをつくっているのも肝臓。肝臓は、各種ホルモンを最適レベルに維持するため、重要な役割を担っています。

肝臓でのデトックス過程での障害は、それがどんなに小さいものであっても、ホルモンや有毒物質の過剰状態をつくり、ホルモンバランスを乱し、脂肪の増加を招きます。**あなたが下半身太りから抜けだせないのは、肝臓のデトックス力の低下によってエストロゲンの排出スピードが遅くなり、過剰状態になっているからかもしれません。**

年齢を重ねるにしたがい、肝臓の機能が低下し、若いときに比べデトックス力が落ちてしまうのは仕方ないでしょう。しかし、**有害物質との接触を極力控え、肝臓の負担を減らすように心がけつつ、肝臓そのものが必要としている栄養素＋デトックスをサポートする食品や栄養素（92ページ参照）をとっていけば、デトックス力はみるみる回復。**肝臓のデトックス力は甲状腺機能とも密接に関係しているので、基礎代謝もアップします。

肝臓が組織の更新のために必要とするたんぱく質だけでも一日23グラムといわれます。また、いくつかのデトックス経路でも多くのアミノ酸が必要になります。肝臓にしっかり働いてもらうには、ベースとして良質なたんぱく質を毎日十分に確保しましょう。

肝臓で解毒され、胆汁を通じて排出されたエストロゲンが、そのまま出ていってくれれば、めでたし、めでたし。でも、腸内環境が悪い、便秘をしているということだと、エストロゲンは血液中に再吸収されてしまいます。便秘を予防し、腸内環境を整えることは、脂肪蓄積を下半身に向かわせないためにも大切です。食物繊維や発酵食品の摂取を増やす、乳酸菌のサプリを摂取する、ハーブティーをうまく使うなど工夫してみましょう。

column5

肝臓デトックスを邪魔するもの・サポートするもの

肝臓デトックスを邪魔するもの

肝臓でのデトックスは、第1段階で特定の酵素が有毒物質を分解してほかの物質にかえ、次の段階で、それぞれの物質に応じていくつかのデトックス経路に割り振られてからさらに分解され、排出されます。第1段階のデトックスを邪魔する要因はいろいろありますが、身近なものをリストアップしておきましょう。

- 食材――グレープフルーツ、ターメリック（第2段階では促進）、唐辛子、クローブ、低たんぱく食全般
- 砂糖やトランス脂肪酸が含まれる食品の多食
- 腸内細菌（悪玉菌）が産出する毒素
- 医薬品――抗ヒスタミン剤、抗潰瘍薬、抗うつ剤など
- 避妊用ピル
- 食品や環境からとり込まれるカドミウム、鉛、水銀など
- 加齢

肝臓デトックスをサポートする食材

・新鮮な野菜、フルーツ
・アブラナ科の野菜（とくにブロッコリースプラウトが◎）
・にんにく、玉ねぎ
・冷水魚（EPA／DHAが多く、水銀含有量が少ない魚）
おすすめ：さば、たら、こだら、にしん、マヒマヒ、サーモン（アラスカ）、アンチョビ、ます、ツナやサーディンの缶詰
・亜麻仁油
・ナッツ類&種子類
・小麦胚芽&小麦胚芽油
・ごま油、くるみ油
・良質たんぱく質
（［卵、肉類、魚介類］に植物性たんぱく源を合わせて）

肝臓デトックスをサポートする栄養素／サプリメント

・ビタミンC+バイオフラボノイド
・グルタチオン
・プリムローズオイル
・ブラックカレントオイル
・カロテン
・コエンザイムQ10
・セレニウム、亜鉛
・銅、鉄分、マンガン
・マグネシウム
・ビタミンB群
・N-アセチルシステイン
・レシチン
・ビタミンD
・ビタミンA
・ビタミンE
・ビタミンK
・シリマリン（ミルクシッスル）
・ホエイなどのプロテイン製品

今すぐはじめられるデトックス習慣があります。

私のおすすめしたいデトックス習慣は、次のようなものです。

1. 朝起きたら、レモン半分をしぼり入れた水（人肌程度）をゆっくり飲む。はちみつ小さじ1程度であれば、加えてもOK。
2. 一日に水（水道の水ではなく、ミネラルウォーターほか良質の水）8杯＋ハーブティー2杯（おすすめは後述）。水はなるべく室温から人肌程度。冷蔵庫や氷でキンキンに冷やした水はNG。1時間に200ミリリットル程度ずつ飲むようにします。
3. 絶食がベスト。無理なら、週末一日のフルーツ＆ベジタブルデーからスタートを。

ホルモンバランスに関わる多くの器官にしばしの休息をあたえ、血液を浄化していくデトックスには、**3〜5日間程度の絶食が最強の方法**です。絶食の数日前から体の準備に入り、絶食中は基本的に生ジュースとデトックス用のハーブティーだけで過ごします。いくつかのサプリメントを併用するべきケースもあります。

絶食を遂行するには、精神的にも肉体的にも、ある程度の覚悟と十分な準備が必要です。自信がなければ、まず気軽に、週末の一日だけ野菜とフルーツだけで過ごすようにしてみましょう。もちろんその日一日を生ジュースで過ごせればベストです。でも、慣れるまではスムージーや固形の食材をよく噛んで食べるなどの変化をつけてもかまいません。

野菜類は生で食べても、さっと蒸して食べてもよく、寒いようなら、スープもOK。ただし、この日は塩、カレー粉、唐辛子などでの味つけはしたくないので、たとえば、ごぼう汁や昆布、干ししいたけ、玉ねぎなど、うまみや甘みが出る野菜や乾物をたっぷり使い、その他の野菜も一緒にスープで軽く煮て食べるなど工夫してみてください。

フルーツとしては、最初の段階のデトックスを邪魔するグレープフルーツは、デトックスデーには御法度。バナナは1本のみ、ぶどうは1房まで、すいかは8分の1を限度に。それ以外の新鮮なフルーツは、何を食べてもかまいません。

ハーブ類を味方にしましょう。

ハーブ類は、もともと薬のない時代の治療薬として人々の暮らしにとり入れられてきた薬草です。これまで輸入が認められていなかった薬効のあるハーブ類も、今では簡単に手に入るようになっています。こうしたハーブ類を、あなたの下半身やせをサポートするサプリメントとして摂取する、あるいは、カフェイン抜き飲料として、ハーブティーを楽しむといいですね。

セルライトを確実に解消して魅力的な下半身づくりをするためには、血管の強化、血流の改善、リンパ排液の改善、むくみの改善、脂肪分解・減少、ストレス軽減―これだけの要素が絡み合わなければなりません。サプリメントとしてとるのであれば、**それぞれに対**

応するハーブを選んで一緒にとることで相乗効果が期待できます。

セルライト解消のすべての条件をクリアするためのハーブ類としては、脂肪を減少させることが知られ、ダイエットサプリに加えられることも多いブラダーラック、静脈や毛細血管を強化して血行改善に効果があり、結合組織の安定をはかってセルライトの悪化を防ぐゴツコラ、血液循環、血流速度の維持や水分の排泄をサポートするブッチャーズブルーム、血管壁の浸透性を正常化してむくみを改善、セルライト特有の肌質改善にも効果を発揮するホースチェスナッツ、これらのブレンドが効果を発揮してくれるでしょう。

ハーブティーとしては、バードックルート（ごぼう）、ダンディライオンルート（たんぽぽの根）、ミルクシッスル、レッドクローバーが特におすすめ。これらハーブ類は、ホルモンバランスの調整に重要な肝臓のデトックスおよび血液の浄化に効果的です。余分なエストロゲンが便を通じて排出されることを促進し、血液中に再吸収されるのを防いでくれます。便秘解消や利尿作用によるむくみの解消などの効果も知られます。

リラックス効果があり、最近人気になっているカモミールやジェニパーベリーなども、40代からの下半身やせを促進するハーブティーとしておすすめです。

40歳からとりたいサプリと、避けたいサプリがあります。

体が理想的なバランスを維持するために必要な栄養素は、想像以上に多くあります。これらすべてを、自然の食物で確保することができればいいのですが、残念ながらそれはほぼ不可能。土壌汚染や残留農薬、流通や保存環境などの影響で、食品自体に含まれる栄養素は、20年前に比べ、何十分の一といわれるほど減少の一途をたどっています。

悲しいかな、食べ物からだけでは必要な栄養素を確保できない時代。**基礎代謝が本格的にダウンしはじめる40代は、体内の働きをサポートし、スリムなナイスボディをキープするために、サプリメントを生活のなかに上手にとり入れたい**ものです。

【40代には外せないサプリメント】

●マルチビタミン・ミネラル（状況によりビタミンCとビタミンB群をプラス）
●酵素（麴菌由来の穀物発酵エキスなど）　●乳酸菌、乳酸菌産生物質など
●EPA／DHA―局所ホルモンの原料として不足させるわけにはいきません。
●プリムローズオイル（月見草油）―GLAの確保に必須です。
●プロテイン（ホエイ）―抱き合わせの脂肪を気にせず超良質たんぱく質を確保。

これらをベースに、抗酸化および糖化予防のためのサプリをプラスすれば完璧です。

【人気だけど、40代は避けたいサプリメント】

イソフラボン―自然の食物に含まれるイソフラボンよりも吸収がよく、過剰摂取にもつながりやすいといえます。イソフラボンは、アロマターゼを刺激し悪玉エストロゲンを増やすともいわれます。閉経後にはプラスに働いてくれるかもしれませんが、40代にとっては、むしろ、ホルモンバランスを乱すことになる可能性も……。

フォースコリー―インド産の植物コレウス・フォルスコリにより産生させる成分で、脂肪を落とすためにダイエット製品に配合されることがあります。フォースコリーは、アロマターゼを活性化させることで悪玉エストロゲンを増やすので、避けましょう。

正しい食生活がすべての基本です。

これまで見てきたように、私たちが口にするものや、その食べ方は、多かれ少なかれ、あなたのホルモンバランスに影響を及ぼします。そして、その逆もしかり。**ホルモンバランスは、あなたの気分や食行動に影響を及ぼします。**

好きなものを我慢し、カロリーをカットし、空腹に耐えることがダイエット成功のカギだと多くの人が思い違いをしています。たしかに、運動もせず一日何千キロカロリーも摂取しているのであればカロリーカットは必要でしょう。でも、むやみにカロリーをカットしたところで意味はありません。すぐにリバウンドすることになるから……。実際、**太っている人の70％は、カロリーのとりすぎではなくカロリー摂取が適切、または不足してい**

る、というデータがあるのです。食べすぎていない、むしろ、もっと食べるべきなのに、カロリーカットをすれば、体がまともに機能するわけがありません。

無駄な脂肪を落とし、リバウンドすることなくスリムボディをキープするためには、あなたのホルモンバランスが最高のシンフォニーを奏でていなくてはなりません。そのためには、**あなたが思っている以上に多くの栄養素が必要です**。体調が悪い、やせられない、下半身ばかり太くなる……。これらは、「歳だから仕方がない」のではなく、あなたが間違った食事していることを示す、体からの悲鳴なのです。

あなたの食行動には、かならず理由があるはずです。何が不足しているのか、何があなたにそのような行動をさせているのか、素直に体の声に耳を傾けてみてください。

ダイエットとは、食べないようにすることではなく、体が必要としている栄養素を、どのような食材から、どのようにとっていくかを考えることです。我慢するのではなく、食べるもの、そしてその食べ方を正しく選択していくことなのです。

一時的に食事をかえてやせようとするのではなく、一生つづけられる正しい食習慣で、いつまでも健康で、若々しいスリムなナイスボディを維持しましょう♪

column6

サプリメントのチェックポイント

1 天然素材を使っているか

表示ラベルの原材料名をしっかりチェック。化学合成されたものではなく、かならず天然素材のものを選びましょう。

2 合成添加物は含まれていないか

合成の香料、甘味料、保存料、防腐剤などの余計な添加物が入っていないものを選びましょう。

3 高含有&理想的な配合バランスか

体内で有効に働くために必要なほかの栄養素もバランスよく含まれているかをチェック。

4 吸収率を考えているか

栄養素の含有量が多くても、体に吸収されなければ意味はありません。吸収率に目を向けた製品であるかは重要です。

5 ブームに踊らされない

特定の栄養素や原材料が人気になると、それに便乗しただけの製品が市場に出まわりますのでご注意を。

第2章

心身をゆるめてリセットする

ストレス対策&リラクゼーション術

下半身やせスピードアップには、なにより「ストレス解消」を。

私たちは日々、あらゆるストレスに囲まれて生活しています。まわりの騒音、近所づき合い、職場や家庭内での問題……数えあげたらきりがありません。40代にもなると多くのストレスを抱えていて当然です。でもそのストレスが、あなたのポッコリお腹や、お尻や太もものセルライト発生にかかわり、下半身を肥大させつづけているとしたら……？

ストレスは血管を収縮させ末梢《まっしょう》の血流を悪くします。酸素、栄養素、ホルモンなどが末端までスムーズに届けられなくなります。脚は鬱血《うっけつ》し、静脈血やリンパ液の流れも悪くなり、余分なエストロゲン、毒素・老廃物などの処理も滞り、体外に運びだされぬまま停滞。**微小循環の障害、静脈の障害、リンパ排液の障害が複雑に絡み合うことによってセル**

ライトは発生しますが、これらすべてにストレスが関与しているのです！

慢性的なストレスはコルチゾールというストレスホルモンの過剰分泌を招きます。これにより脂肪分解が抑制され、脂肪細胞は肥大していきます。脂肪細胞はエストロゲンの産生工場でもあるので、間接的に下半身に脂肪を誘導するホルモンが増えることに……。コルチゾールはもう一つの女性ホルモン、プロゲステロンのレセプターを占領し、対エストロゲンバランスをさらに乱します。

過剰な分泌がつづくとアンチエイジングホルモンであるＤＨＥＡは消耗されていきます。副腎は疲労し、水分代謝にも問題が出てきます。甲状腺機能も低下してきて、脂肪の蓄積、むくみ、セルライトの増加に拍車をかけ、体調の悪化、疲労感も増すことに……。

さらに成長ホルモンの分泌も低下。筋肉が保持できなくなり基礎代謝はさらにダウン。ますます太りやすくなります。さらに、強力な活性酸素が大暴れ。血液をドロドロにし、血管壁や組織も傷つけます。

健康維持にとって不利な条件が勢揃いですが、セルライトも進行し、「何やってもやせない！」「下半身が細くならない！」状態がつくられてしまうのです。

ストレスのせいで体内は活性酸素が大暴れ。

体内では、酸化力の弱いものから強いものまで、数種類の活性酸素が四六時中発生しています。このため、私たちの体にはさまざまな活性酸素を除去する物質が用意されています。しかし、無情にも、**これらの総合力のピークはせいぜい40歳くらいまで。**低下してくる防御力を補うには、抗酸化栄養素の確保が不可欠です。

また、自己防衛のため、活性酸素を極力発生させないようライフスタイルの工夫をしていかなければなりません。ストレス時には、とびきり凶暴な活性酸素の仲間たちが集結して体内で強烈な破壊工作を進めますから、最優先はストレッサー（ストレス原因）をできる限り排除するとともに、効果的なストレス解消法を身につけることです。

活性酸素は、こんなときに発生する

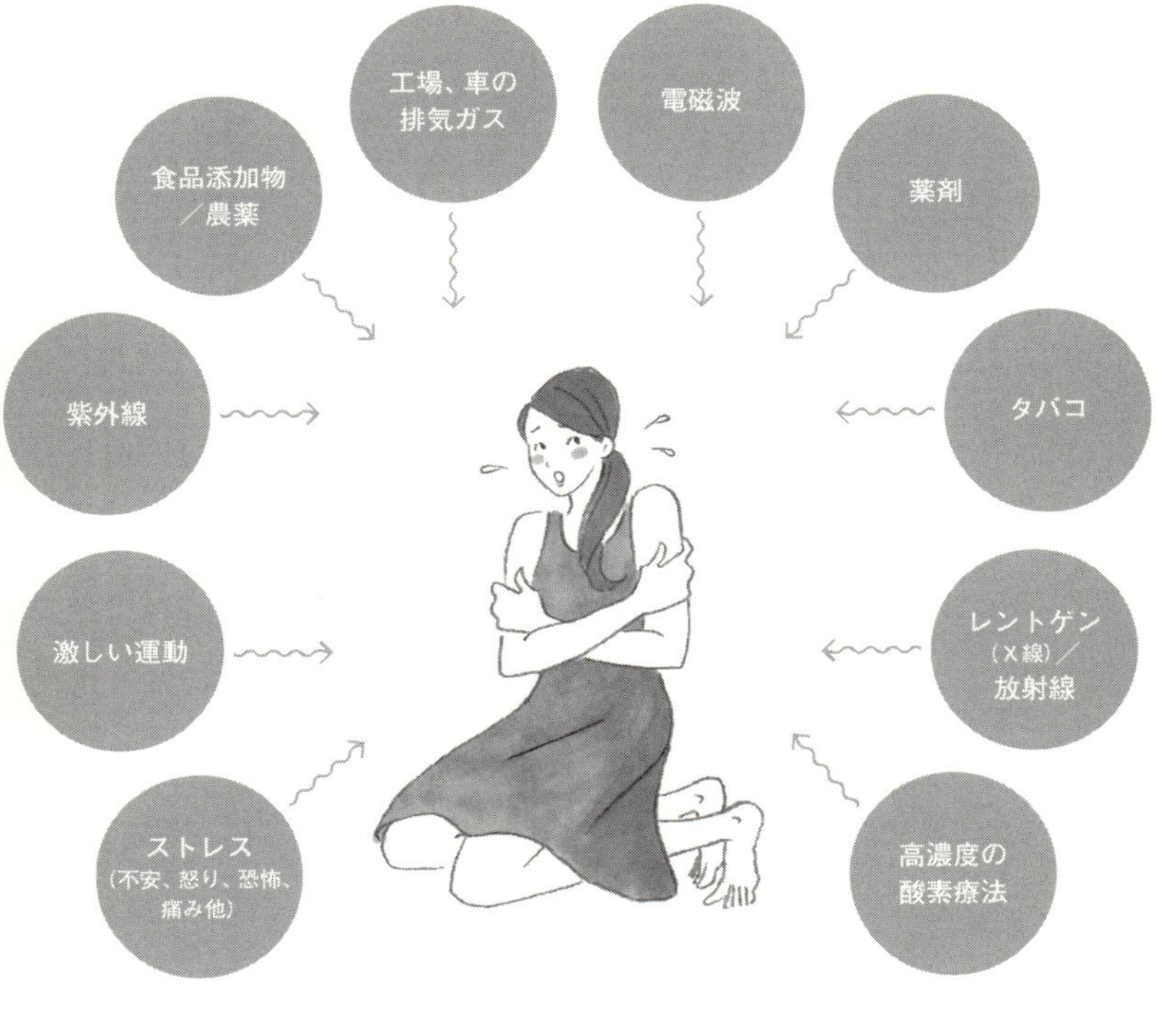

自分では気づきにくい意外なストレス要因

- 遅い就寝時間
- ウソをつく
- カフェインやアルコール
- 受信メールの確認
- 音（騒音とは限らず）
- 通勤
- 寒暖差
- ダイエット

甘いものを食べることは、本当のストレス解消にはなりません。

イライラすると甘いものにすぐ手が伸びてしまう。イヤなことを考えていたら、ヤケ食いしてしまった。それでダイエット失敗↓リバウンド。あなたもそのパターンでは？

精神的に落ち込む、イライラするなど、マイナス感情優勢のストレスは、脳内の「幸福ホルモン」と呼ばれるセロトニンのレベルを低下させます。すると脳は「何か食べろ！」と命令をだします。脳の命令にすぐ応えるにはセロトニンレベルを急上昇させる甘いものが一番。そのため、あなたは無意識に甘いものを口に運んでしまうのです。

甘いものを食べるとセロトニンレベルが安定し、心が落ちつき癒やされます。でも、これはあくまでも一時的。脳が本当に求めている栄養条件が満たされないため、すぐにまた甘いものを欲します。結果的に食べすぎて、精神的にもますます落ち込み、ストレスを抱え込む羽目に……。私たちは所詮、脳の要求には逆らえないのです。

甘いものを無性に食べたくなるときには、実は、たんぱく質が不足しているケースが多いもの。セロトニンづくりには、たんぱく質に含まれるトリプトファンというアミノ酸、さらにはビタミンB群やビタミンCなどが必要です。「甘いものが食べたいな〜」と思ったときは 実際に甘いものを食べるのではなく、まず、トリプトファンが多いチーズやナッツ類などをつまんでみてください。甘いものへの欲求は30分程度で断ちきれます。

夜になると、セロトニンは酵素の働きによって快眠を促すキーホルモン、メラトニンにかわります。成長ホルモンの分泌を促すばかりか、活性酸素除去にも働いてくれます。

日光を浴びることでセロトニン分泌は増えます。また、セロトニンは癒やされるとき、ウォーキング、ダンスなどのリズム運動、ゆったりとした呼吸、好きなことをして楽しい時間を過ごしているときなどに分泌が増えます。マイナス感情やストイックな運動、食事制限は、セロトニンを減らします。ほどほどを心がけ、毎日を楽しく過ごす工夫でセロトニンを増やせば、甘いものに手が伸びることもなくなり、自然にスッキリ体質に♪

よい睡眠こそ、ナイスボディを支えるパートナー。

ぐっすり眠ることこそ最高のストレス解消法であり、最高の美容&健康法です。でも、なかなか寝つけない、寝てもすぐ目が覚める、いくら寝ても体や頭がスッキリしないなど、よく眠れていない女性が急増中！

睡眠が不足すると、どうでもいいことでもストレスを感じるようになります。睡眠不足は各種ホルモンに影響を及ぼし、さらに睡眠が妨げられるという悪循環に……。太ることにもつながります。更年期に突入する40代後半から、この傾向は強くなります。

眠りを誘う「睡眠ホルモン」といえば、メラトニン。不足するとよい睡眠は望めません。メラトニンの原料はセロトニンなので、朝しっかり光を浴びてセロトニンを増やしましょう。メラトニンは光を感知すると減少します。起きているあいだに減らせば減らすほど、夜間、暗くなったときに分泌されます。昼間は明るい光のなかでの活動が一番です。

睡眠中に分泌される成長ホルモンは、ダメージを受けた皮膚や組織などを修復してくれるホルモンでしたね。あなたの若さを維持してくれるのも、寝ているあいだに体脂肪をメラメラ燃やしてくれるのも、このおかげ。**十分な睡眠がとれていないと脂肪の増加を招きます**。

成長ホルモンは眠りはじめの3時間に分泌され、ピークは入眠1時間後。その分泌量は睡眠の深さによって決まります。睡眠の深さは深部体温によるのですが、**眠りはじめの深部体温を下げれば下げるほど眠りは深くなり、成長ホルモンの分泌が増えます**。

眠りにつくときの体温を最大限下げるには、夕方（起床後11時間）に運動するか、寝る1時間前にストレッチなどの軽い運動、あるいは、ぬるめのお湯で入浴して直前の体温を上げるのが効果的。これらは、交感神経と副交感神経の切り替えを促し、心身ともにリラックス状態に導いてくれます。逆に、遅い時間帯の激しい運動は体温を上げすぎ、さらに脳を覚醒させてしまうので寝つけなくなります。ご用心、ご用心！

脚やせにもアロマテラピーは効果的です。

アロマテラピーは、植物から抽出したエッセンシャルオイル（精油）を使った自然療法。精油の成分は、鼻や肺、皮膚から体内にとり込まれ、心と体のバランスを整えます。**神経の緊張をほぐし、気持ちをリラックスさせてくれる香りは、ホルモンバランスの調整やストレス解消にとても効果的です。**もちろんセルライト解消、下半身やせにも……。

精油の種類は、それこそ何百種類とありますが、それぞれ異なった効能をもっています。それらのなかには、ストレス解消に役立ってくれるものはもちろん、直接セルライト解消に働いてくれるものもあります。あなたの心と体の状態に合わせて精油を選び、単独、あるいは組み合わせながら、芳香剤、入浴剤、トリートメントなどに活用しましょう。

張りつめた神経をやさしくほぐしてくれるアロマバス。38～40度に設定した、ぬるめのお湯をバスタブにはり、気分や体調に合わせて選んだ精油をお湯に混ぜます。精油は揮発性が高く、お湯に浮くので、直接お湯にたらすと早く香りがとんでしまいます。香りを楽しみ、リラクゼーション効果、脚やせ効果を高めるには、1つかみの粗塩に10～15滴の精油を混ぜ、それを湯船に……。そして、ゆっくりと体を温めましょう。

いい香りで満たされたバスルームでくつろげば一日の疲れは吹きとび、神経の緊張もフワ～ッとほどけて、精神的にリラックス。自律神経やホルモンのバランスも整います。**冷えやむくみの解消、セルライト対策にもバッチリです。**

ストレス解消におすすめなのは、ラベンダー、ゼラニウム、レモンバーム、ローズ、オレンジ・スウィート、カモミール・ローマン、サンダルウッド、イランイランなど。

ときには、みかんの皮やゆず、よもぎ、しょうがなどの薬湯を試すのもいいですね。こうした植物の葉や根、皮、実などの精油成分も、さまざまな効能を発揮してくれます。

なお、寝る直前の入浴は、睡眠の質を下げてしまいます。ぬるめのお湯での入浴であれば就寝の1時間前、熱いお風呂なら、2時間前までを目安に……。

ゆっくりした、深い呼吸を心がけて。

大きく息を吐くだけで、心が自然にスーッと落ちついてくるように感じたことはありませんか？　呼吸の目的は酸素をとり入れるために空気を肺に送り込み、不必要な二酸化炭素を体外に排出させること。でも、そればかりではありません。

呼吸は自律神経の働きに関係しており、興奮状態のときに働く交感神経とリラックス状態のときに働く副交感神経を切り替えるスイッチとしても作用します。ゆっくり息を吸いながらお腹を膨らませて横隔膜を動かす腹式呼吸は、副交感神経の働きを活発にし、心身をリラックスさせ、ホルモンバランスも整えてくれるのです。

ストレス解消のためだけではありません。深呼吸で横隔膜が動くと、「呼吸ポンプ（胸郭ポンプ)」が作動し、リンパ液や静脈血の還流が促されます。末端の血流はよくなり、むくみは解消し、脂肪や老廃物の運びだしもスムーズになり、血液の浄化も進みます! なんと! どれもセルライトを解消&美脚づくりに必要なことばかりです!

さまざまな呼吸法がありますが、横隔膜を動かすもっとも基本的な呼吸法をやってみましょう。慣れるまではベッドに仰向けに寝てやるといいでしょう。頭に枕、膝下にクッションを置くなどしてらくな姿勢をとり、左手を胸の上に、右手をおへその上あたりに置きます。右手を圧迫するようにお腹を膨らませながら、ゆっくりと鼻から息を吸い込んでいきます。左手は極力動かないように……。めいっぱい空気をとり込んだら、次に、腹筋に力を入れてお腹を引っ込めながら、唇をすぼめて口からゆっくり空気を吐きだしていきます。吸うときの倍くらいの時間をかけ、最後まで息を吐ききります。このときも、左手が上下しないように気をつけます。「吸って、吐く」を1セットとして5回くり返します。

この呼吸法は慣れてくれば座っていてもできるので、一日3~4回はしたいもの。でも、まずは睡眠の質を上げるため、寝る前の時間帯に習慣化してみましょう。ストレスに強くなるばかりか、下半身やせもスピードアップしますよ!

寝る前に体を十分にリラックスさせるとっておきの方法。

ぬるめのお風呂やアロマバスでくつろぐ、ストレッチをするなど、寝る前に心身ともにリラックスするテクニックはいろいろあります。そのなかの一つが、**私が極度のストレスと不眠症に悩まされたときに救ってくれた「ジェイコブソン・メソッド」です。**

これは、特定の筋肉グループにギューッと力を入れ、そしてリリース（力を抜く）をくり返しながら深呼吸をしていく簡単な方法です。でも、その効果は絶大！　あなたのストレス対策にも活用できるよう、このメソッドを伝授しておきましょう。

ゆったりした服で、照明を落とし、床に仰向けに寝転がり、だら〜んと力を抜きます。腕は体から10センチくらい離し、手のひらは上向き。足は30センチくらい開きます。鼻から大きく息を吸って、口からゆっくり吐いていきます。呼吸だけに全神経を集中させ、3〜4呼吸くり返します(これだけでも、かなりリラックスします)。

気分が落ちついて、やすらぎを感じてきたら、つま先から頭のてっぺんまで筋肉をリラックスさせていきます。

まず、つま先から。つま先を天井に向け、指をグルッと丸めてめいっぱい、力を入れ、5〜10秒キープしたら、一気に力を抜いて10〜15秒休みます。これを2回くり返してから、同じように、ふくらはぎ、太もも、お尻、お腹と、各部位を1ヵ所ずつ、緊張させてはリラックスをくり返していきます。

その後上半身に移り、手(握り拳をつくって、グッと力を入れ、リリース)、腕、肩、首、顔面と進めていき、ひととおり終わったら全身をリラックスしたまま、大きく息を吸って、ゆっくり吐く、これを数回くり返し、全体的に大きくストレッチして終了です。

最初のうちは、完全にリラックスするまで25分くらいかかるかもしれませんが、慣れてくると、5〜10分で、すぐにリラックス状態に入れるようになります。

自分に合ったリラクゼーション法で、ストレスなんて吹っとばしましょう!

column 7

バランスを整え、いい睡眠を誘う簡単ストレッチ

ゆっくりした呼吸とともに筋肉を伸ばすストレッチや軽いエクササイズは、副交感神経に働きかけ、体をリラックスさせ眠りの準備を整えるのに適しています。末端の毛細血管もゆるみ、ホルモンが全身に行き渡りやすくなります。

寝る1時間程度前に、ここでご紹介するストレッチで体温を上げておくと、入眠寸前の深部体温は逆に大きく下がり、深い睡眠が得られるように……。成長ホルモンの分泌も高まります！

呼吸

深い呼吸で副交感神経へ切り替え！

体全体に酸素が行き渡るようなイメージで、鼻から空気を思い切り吸い込み、口から細い糸を吹き出すよう、ゆっくりと15秒かけて吐き切る。3回くり返す。

キャット

猫の気分で背骨の神経を動かそう

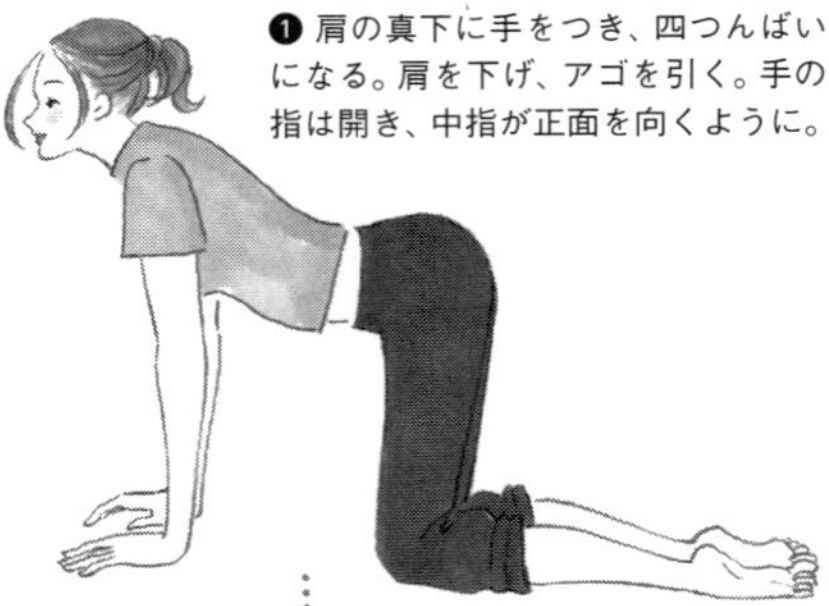

❶ 肩の真下に手をつき、四つんばいになる。肩を下げ、アゴを引く。手の指は開き、中指が正面を向くように。

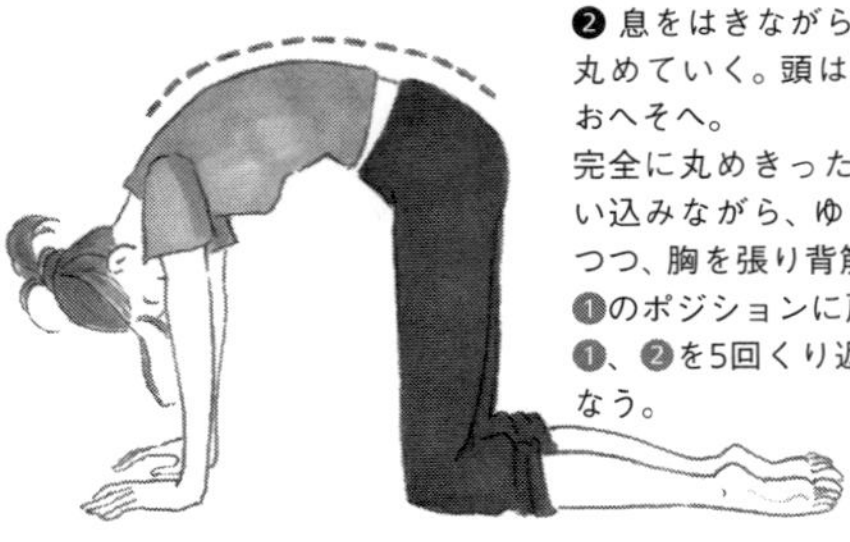

❷ 息をはきながら図のように背中を丸めていく。頭は下に向け、視線をおへそへ。
完全に丸めきった状態から、息を吸い込みながら、ゆっくり頭を起こしつつ、胸を張り背筋をのばしていき、❶のポジションに戻る。
❶、❷を5回くり返し、2セットおこなう。

ストレスで固まった
背中をらくにする

背中ほぐし

ストレッチ用のポールか、なければ丸めたバスタオルを縦に置き、背骨にぴったり沿うよう上に寝転がる。背中をほぐすようにゴロゴロと左右に転がる。目安は30秒。

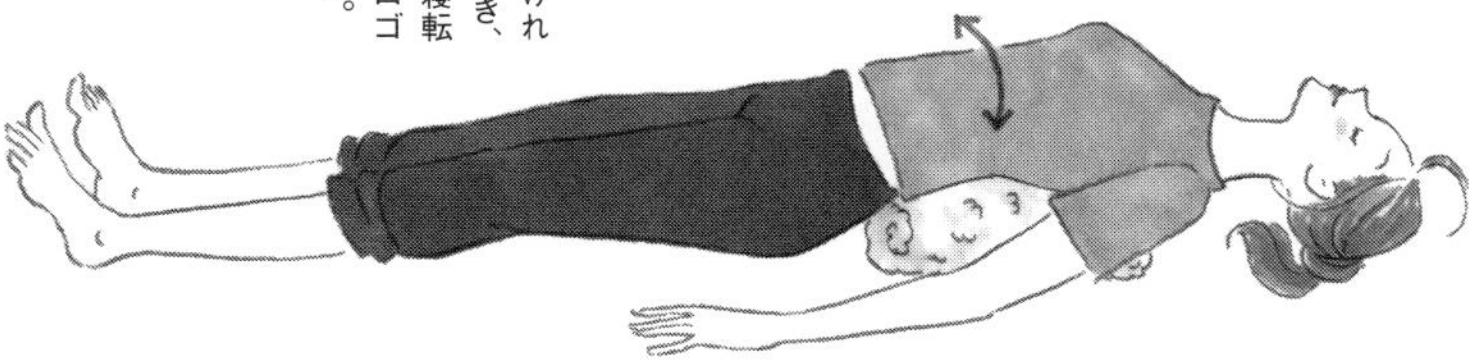

胸を開き、固くなった
肩甲骨を刺激

胸反らし

足を伸ばして床に座り、図のように両手も伸ばして床につける。目線は上に向け、肩胛骨同士をくっつけるイメージで胸を反らし、3〜5呼吸キープする。

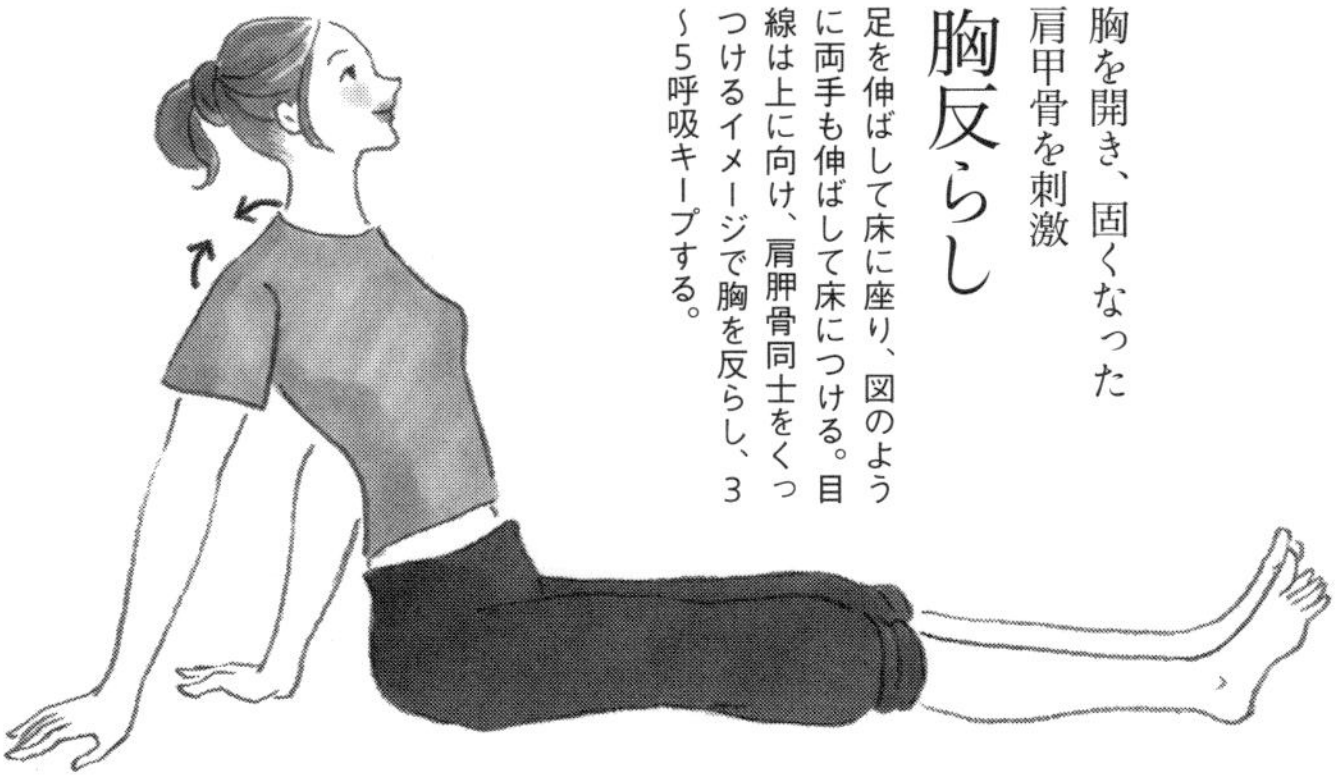

しっかりと骨盤を立てるイメージで

背中&胸

❶ 背筋を伸ばしあぐらの姿勢になる。ゆっくり息を吸いながら、大きく腕を広げ胸を張り、視線をやや上に向ける。

❷ ゆっくり息を吐きながら、腕を水平に大きく弧を描くように前に持ってくる。背中を丸め、視線は下に落とす。ゆっくりと深い呼吸をしながら❶と❷を3回くり返す。

体の側面が伸びているのを感じて

体側面

あぐらの姿勢で両手を横に広げ、視線を斜め上にし、息を吐きながら左手をぐっと伸ばすように上げ、右手を体の横につく。3〜5呼吸キープ。右手も同様に。

無理せず気持ちいいところまで

上半身ねじり

あぐらを組み、息を吸いながら骨盤を立てるイメージで姿勢を正す。息を吐きつつ、下半身は動かさないようにして上半身のみ右にねじり、3〜5呼吸キープ。左側も同様に。

太ももの後ろが伸びて
むくみ対策にも

股関節

仰向けに寝転がり、両脚をそろえる。息を吸いながら右膝を曲げ、両手で抱えるようにして体に近づけ3～5呼吸キープ。左脚も同様に。

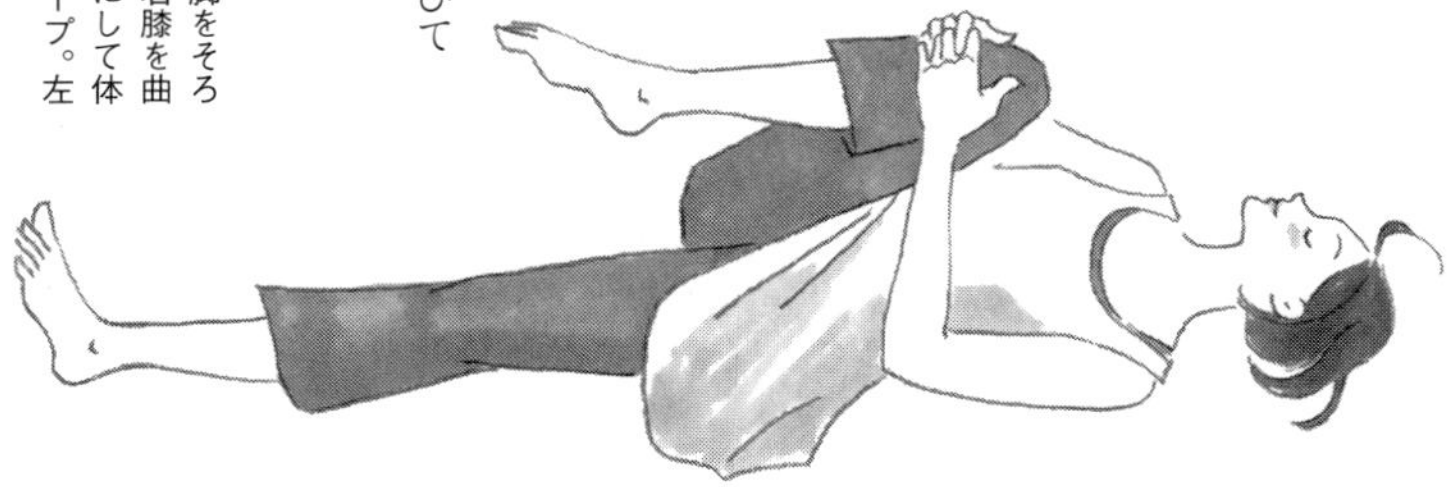

骨盤を開くと
副交感神経が優位に

骨盤

仰向けに寝転がり、膝を大きく開き、足の裏を合わせる。手はだらりと頭の上に持っていき、そのままの状態を無理のない範囲でキープ。

ホルモンバランス向上にはプラス思考が大切。

ストレスを減らし、ホルモンバランスを向上させ、自分の体をスリム体質にかえていくには、感情や思考をよい方向にもっていくことも大切です。ものごとをマイナスに考えると心に負担がかかってきます。否定の気持ちはストレス系のホルモンを増やし、幸福系ホルモンや快楽系ホルモンを抑制してしまいます。たとえば、幸福ホルモンのセロトニンが少なくなると、甘いものを食べたくなる導火線に火をつけて過食やドカ食いに……。これは前にもお話ししましたよね。

プラス思考で、自分をハッピーにすることを考えましょう。それには何よりもまず、否定的、ネガティブな言葉を使わないようにすること。脳はプラスとマイナスの命令を区別できないといいます。否定的な気持ちやネガティブな言葉を、脳はそれがあなたの望みであると解釈して、実際にそうなるようにあなたを仕向けてしまいます。

たとえば、「今度こそ失敗しないぞ〜」「絶対途中で投げださない！」と、プラスに考えているつもりでも、脳は「失敗」「投げだす」を命令とみなして、せっかく生活習慣の改善にとり組もうとするモチベーションを下げてしまいます。「今度こそ成功させる！」「かならず継続する！」のように、常にプラスの言葉で脳に働きかけましょう。

いくら嫌なことがあった日でも、一日の終わりには些細なことでもいいので、その日一日のなかで嬉しかったこと、よかったこと、楽しかったことだけを思い返してハッピーな気分で眠りにつきましょう。翌日もポジティブでいられます。また、自分にとってのストレッサーが何なのかを探り、どうしたらそれを最小にできるかを考えてみましょう。

セロトニンやオキシトシンなど幸福系ホルモンが多く分泌されていると、食生活や日常の習慣でより健康的な選択をできるようになります。プラス思考で、何事もいいほうにいいほうに考えるようにすること。それは健康維持のみならず、セルライトをとり除き、下半身スッキリのベストプロポーションづくりにも欠かすことができないのです。

column8

いい睡眠のための6ヵ条

1 生活リズムを保ち、昼間は活動的に

2 午後1時以降カフェイン入り飲料は避ける。また、寝る前のアルコールやタバコは避ける

少量のアルコールは睡眠の導入の助けにはなるが、多いと深い睡眠周期を邪魔し、眠りが浅くなる。タバコも睡眠障害の原因に。

3 寝る3〜4時間前には食事を済ませ、寝る直前に食べない

遅めの夕食の場合、チアミンが含まれる食べ物（ベーコン、ハム、ソーセージ、チーズ、なす、ほうれんそう、トマト、じゃが芋、砂糖等）は避ける。

4 就寝時に体温を下げる工夫をする（深部体温リズムを活かす）

遅い時間の激しい運動＆就寝直前の入浴はNG。体温が上がる運動は、夕方（17〜18時）がベスト。寝る1時間前を目安に、ぬるめのお風呂につかったり、軽いストレッチなどをする。熱い風呂やシャワーの刺激は交感神経を刺激し、目を覚ましてしまう。寝つけないときには、冷たいタオル、保冷剤などで頭を冷やす。

5 光を意識する

朝起きたら日光を浴びる。昼間は、なるべく明るい環境で行動する。寝る前にパソコンや携帯の画面を見ない。夜間は、間接照明などで徐々に暗くしていくなど、明るさを調整。

6 睡眠のための環境を整え、どんなに遅くても、午前0時までに寝る

自分に合った寝具を使う。とくに枕の高さは重要。

第3章

下半身スッキリを ぐんぐんスピードアップ エクササイズ&アフターケア術

運動はホルモンバランスに大きな影響をあたえます。

40歳ごろから、日常的に運動をしていない女性の筋肉状態に変化があらわれはじめます。

頬がたるみはじめ、胸もお尻も垂れてきます。皮膚のハリは失われ、セルライトも目立ってきます。徐々にテストステロン（男性ホルモンの一つ）が低下してきているからです。

テストステロンは筋肉（筋力）維持に不可欠なホルモンですが、代謝を上昇させ、脂肪燃焼の加速にも働きます。気力が充実し、行動的になれるのも、このホルモンのおかげ。

テストステロンを増やすには運動をするのがベストです。血中濃度はたった20分のエクササイズで上昇し、運動後も3時間程度は維持されます。

運動することでホルモンバランスや下半身やせを応援してくれるホルモンは、ほかにも成長ホルモン、エンドルフィン、甲状腺ホルモンなどがあります。

体の修復に働く成長ホルモンは主に睡眠中に分泌されますが、運動することでも上昇し、正常な血糖値の維持、筋肉増強、体脂肪の減少などに働いてくれます。

不安や痛みを和らげて幸福感をもたらしてくれるエンドルフィンの血中濃度は、運動を30分以上つづけることで安静時と比べ5倍にも増え、運動後も数時間つづきます。ストレス対応力も高まります。

基礎代謝率アップに貢献してくれる甲状腺ホルモンの一種、サイロキシンは運動時に約35%増加。定期的な運動を日常生活に組み込めば、甲状腺はそれに反応して、運動していないときにもこのレベルが安定的に維持されるようになります。サイロキシンレベルを上げることで、エネルギー産生は増え、やせやすくなり、気分も高まります。

激しすぎる運動や毎日のようにジムに通うなどストイックになりすぎると、逆にそれが身体的ストレスになってホルモンバランスを崩し、思うようにやせられない！　ということになりかねません。**負担がかからず、簡単で無理なくつづけられる有酸素運動、筋トレ、ストレッチを組み合わせて、日常のルーティンに組み込みましょう。**

努力なしに筋肉を増やして、脂肪をどんどん燃やす方法。

スッキリした下半身、美脚のためには、筋肉がバランスよくついていることが絶対条件です。

「筋肉が多いと、よけい太く見えちゃう！」と不安に思う女性も多いようですが、これは大きな間違いです。筋肉は脂肪を燃やす「炉」のようなもの。筋肉が多いほうが体脂肪は燃え、あなたの下半身をどんどんスリムに導いてくれます。筋肉が2キロ増えることで、一日あたり250キロカロリー、年間11・5キロの脂肪を燃やしてくれるのです！

しかも、筋肉は、あなたが座っているときも寝ているときも、脂肪を燃焼しつづけてくれるのです!!

人間の体の40％は筋肉で、その70％が下半身にあるといわれます。テストステロンが減ってくる40歳ごろから、平均で10年あたり8%の筋肉が失われるようになるとされ、筋肉減少ペースは加齢とともに加速。減った筋肉のスペースを埋めるように脂肪が増え、「サルコペニア肥満」という状態をつくりだします。筋肉が大幅に減っても、見てくれの太さはかわらぬまま、歩く、イスから立ち上がるなどの動作に支障をきたすように……!

忙しくて運動する時間なんてとれない! というあなたのため、とっておきの筋力アップ法をご紹介しましょう。まず、フィットネス用具を扱っているお店や通販などで、2000〜3000円のリスト&アンクルウエイトをゲット。これまであまり運動していなかったあなたは、0・5〜1キロのものからスタート。慣れたら、徐々により重たいものに。一日の行動開始時に、これらを手首と足首に装着。そのまま一日中過ごし、寝るときに外す。たったこれだけです。リスト&アンクルウエイトの素晴らしいところは、歩いているとき、家事や仕事をしているときでも、いつでも身につけていられること。体を動かすたびに自然に筋力アップにつながります。テレビを見ながら、ゆ〜っくり手や脚の上げ下げなどをすれば、さらにグッド。努力なしに理想的な強力な筋肉づくりができ、脂肪燃焼も促進! 長袖&パンツスタイルなら、仕事中、外出時も使えますね♪

キレイな姿勢で、基礎代謝は20％アップします。

姿勢を保持するために使われる首から肩、背中、腰に及ぶ筋肉をコアマッスル（体幹支持筋群）といいますが、**「背筋をぴんと伸ばして、下腹をグッとひっこめる」を意識するだけで、これらは鍛えられ、基礎代謝が20％もアップする**といわれます。

そればかりか、胸を張った姿勢は、テストステロンを上昇させ、ストレスホルモンであるコルチゾールを低下させることが確認されています。

コアマッスルを意識していないと、自然に猫背や前かがみなどの悪い姿勢になります。すると、お腹の筋肉がたるんで骨盤にゆがみが生じ、鼠径《そけい》管がつぶされます。その結果、体内の血流やリンパ液の流れが阻害され、脚の組織に水が溜まり、むくみや冷え、肩こり、腰痛、下半身太りなどの原因にもなります。

また、重心が左右どちらかに偏って座ったり、立っていたりするクセがあると、筋肉の使い方がアンバランスになります。すると、歩くときや、運動するときに動かない筋肉が出てきて、筋肉のすきまに水分が溜まり、むくみやすくなるということも……。

胃が圧迫されれば消化活動にも問題が出てくるでしょう。さらに、胸郭や横隔膜の動きも制限されてしまうので呼吸が浅くなります。すると、各組織への酸素供給量が低下するので細胞での仕事の効率は落ち、代謝も低下します。こんな状態で美しくやせられるわけがありません。

立っているとき、座っているとき、歩くときにもあごをひいて背筋をス〜ッと伸ばしましょう。頭のてっぺんについているヒモを、まっすぐ上に引っぱり上げられているような感覚で……。これだけでも自然と腰も上がり、スラッとスリムに若々しく見えます。

歩くときはダラダラ歩かず、背筋を伸ばして颯爽《さっそう》と歩くように……。**正しい姿勢を身につけて、全身の筋肉をバランスよく使うようになれば、ホルモンバランスの調整にも好影響があり、脂肪をらくに効率よく落としていくことができるのです。**

股関節まわりの赤筋をターゲットにする。

食事から摂取した栄養素を燃やしてエネルギーを生みだしているのは主に筋肉です。代謝アップして冷えやむくみを解消し、余分なエストロゲンをつくりだしてしまう脂肪の蓄積を減らすには、筋肉を鍛えることが一番。筋肉の強化はセルライトの一要因である骨盤や股関節のズレの調整にもなります。

「筋肉を鍛える」というと、ムキムキになってしまうのでは？　と心配する女性は多いようです。でも心配はいりません。筋肉にはいくつかの種類がありますが、色によって分類すると、白筋と赤筋があります。白筋は表面に近いところにあって鍛えるとムキムキになります。でも、赤筋は深いところ（コア）にあって鍛えてもムキムキにはなりません。そして幸いなことに、**代謝アップにつながるのは赤筋のほう**なのです。

大幅な代謝アップを目指すには、動かす機会が少なく運動不足に陥っている筋肉を狙うのが効率的です。**下半身やせを目指すなら、股関節まわりの赤筋がターゲット**。とくに「大腰筋《だいようきん》」は、股関節を挟んで上半身と下半身をつなぐ重要な筋肉。大腰筋が弱ると背骨や骨盤の支えがゆるんで姿勢が保てなくなり、下半身太りの原因にもなりかねません！

また、筋肉は使わないままだと縮まり、こり固まり、血液の流れも悪くなるので、酸素や栄養素をエネルギー発生装置まで届けられなくなってしまいます。もちろん、ホルモンも細胞に届けられなくなってしまいます。

筋肉をよくストレッチして血行をよくし、しっかり鍛えて股関節まわりの代謝を高めるには、「股割り」ストレッチを。まず足を広めに開いてつま先は外向きに。背筋を伸ばし、上半身は直立を保ったまま、膝が90度に、太ももが床に対して水平になるくらいまで、ゆっくり垂直に腰を落としていきます。猫背になったり、あごが出たりしないよう、また、どちらかの脚に重心がかからないよう気をつけながらその姿勢を10秒キープ。これを一日3回だけでいいので、頑張りましょう！

ストレッチで簡単に深層リンパ液の流れをスムーズに。

「筋肉を伸びきるところまで伸ばす」ストレッチといえば、関節の可動域を広げる、筋肉の柔軟性を高める、全身の血行をよくするなど、さまざまな効果があります。そして、**ホルモンの調整にはもちろん、セルライトの改善にも深い関わりのあるリンパ系のデトックスにも効果を発揮してくれる**のです。

リンパ系というのは、人体のゴミ処理装置みたいなもの。細胞から出る老廃物を回収するのが静脈で、回収しきれない分を請け負うのがリンパ系です。

リンパ液は全身に張り巡らされているリンパ管（下水管みたいなもの）を流れ、体中の所々にあるリンパ節（ゴミ収集場）に集約されます。最終的には、鎖骨付近に集まって、その下を流れる静脈へとつながり、最後に汗や尿として排出されます。

なんらかの理由でこの流れが阻害されると、体内の老廃物や毒素は、スムーズに処理されず、セルライトの形成や体調不良などに大きく関わってきます。滞りのないリンパ液の流れは、ホルモンバランスにとっても、スッキリボディにとっても重要な要素なのです。

リンパ管には2種類、浅いものと深いものがあります。浅いリンパ管は皮膚のすぐ下を血管に沿って網の目のように張り巡らされ、そのなかをリンパ液が流れています。この流れを促進するには、リンパマッサージやドライブラッシングが最適です。

一方、深いリンパ管のほうは、体の深部、骨の近くにあるインナーマッスル周辺に張り巡らされています。深いリンパ管には、浅いリンパ管にはない〝弁〟があり、規則的に収縮することでリンパ液を押し流してくれています。とはいえ、心臓ポンプのようなパワーはありません。そこで、内部にまで働きかけるようしっかり伸縮した状態を維持するストレッチをおこなえば、よりスムーズなリンパ液の流れが実現します。

深層リンパの流れがよくなると、インナーマッスルの活動代謝もよくなって、脂肪燃焼も促進。より早く、下半身やせ成功！ ということになりますよ♪

column9

深層リンパ液の流れをよくするストレッチ

ストレッチすべき筋肉は多いのですが、ここでは、太もも／鼠径部のリンパの流れをよくして脚全体を引き締めるストレッチと、下腹にかけてのリンパ液の流れをよくして、お腹まわり全体のたるみ解消＆スッキリしたウエストラインづくりに効果的な、深層に効くストレッチを伝授しましょう。

筋肉が伸びきるところまでストレッチしたら、そこで10秒キープ。それを5回くり返します。太もものストレッチは左右5回ずつおこないます。

太ももを引き締め
美脚になる

大腿四頭筋伸ばし

❶右膝を床につき、左膝を立てる。このとき左足親指は正面に向け、立てた膝も同じライン上に。背すじを伸ばし、両手は膝の上に。

❷太ももの前の筋肉を伸ばすように、左膝を前に押し出す。腰を落として、重心が前にくるようにするとより効果的。反対も同様に。

くびれのあるウエストをつくる 腹直筋伸ばし

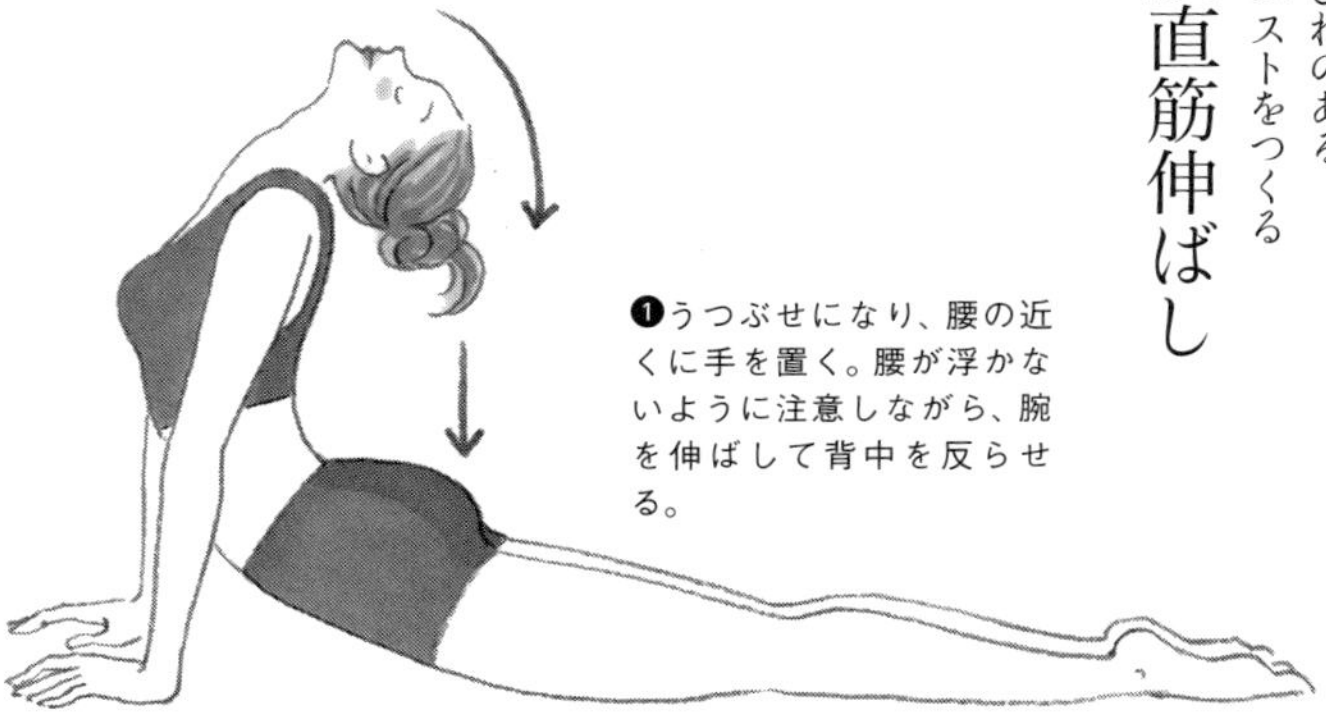

❶うつぶせになり、腰の近くに手を置く。腰が浮かないように注意しながら、腕を伸ばして背中を反らせる。

❷背中を反らせきったときに胸もグ～ッと開き、息を吸い込む。胸郭を広げることで深層リンパとインナーマッスルに効く!

週3回は、歩け歩け……。

もっとも手軽な有酸素運動（エアロビクス）といえば歩くこと。ウォーキングは脂肪燃焼効果がある理想的なエアロビクスです。リスト&アンクルウエイトをつけ、週3回は早足で歩きましょう。悪い姿勢でのダラダラ歩きは、むしろ脚を太くします。あごをひき、お腹をひっこめて姿勢を正し、リズミカルにスピーディに歩きましょう。

足は「第二の心臓」といわれます。ウォーキングで足が地面から離れるときにつま先や足首が曲げられ、これが血行を促す重要なポンプの役割を果たします。このポンプが働くことで、脚に溜まった水分は静脈やリンパ管を通って、太ももを経て上半身へと送りだされます。これが速歩になれば、足が地面から離れるとき足首がギュッと伸ばされ、血行がさらに促進されます。

エレベーターやエスカレーターが目の前にあっても絶対のらないと決めてしまいましょう。**階段を上がるときのカロリー消費は、なんとジョギングやサイクリングに匹敵します！**　しかも、階段にすれば足腰の筋肉も鍛えられ強くなります。筋肉ポンプの機能も高まり、下半身に溜まった血液やリンパはスムーズに押し上げられ、血流も改善。下半身やせには願ったりかなったりです。

エアロビクス効果で無駄な脂肪は減ってくれます。脂肪細胞のサイズが減少すれば、悪玉エストロゲンをつくるアロマターゼの活性も低下します。全身の血液の流れが改善し、栄養素、酸素、ホルモンなどがしっかり各細胞に届けられます。静脈血やリンパ液の流れが改善されれば、脂肪の運びだしや老廃物の排泄も促進されます。たるんだ筋肉は引き締められ、むくみや冷え性も解消！　一石二鳥どころか、五鳥にも、六鳥にもなるのです。

いつもは自転車で行くスーパーまで歩く。電車やバスは1駅手前で降りて歩く。とにかく歩く。そして、常に階段を使用する。こういう習慣は、やる気さえあれば、いつからでもできます。一銭もかけなくても、スッキリ下半身はつくれるのです！

ぶるぶる運動で血液循環をアップさせましょう。

手足が冷たく感じたり、冷えに悩まされていませんか？　これらは全身の血液循環が滞っているサインの一つ。ストレスや不規則な生活などによって自律神経が乱れ、ホルモンバランスも悪くなっている証《あかし》です。血管は自律神経の影響を常に受けていますから、その乱れによって血管の収縮と拡張のリズムも乱れ、巡りが悪くなってしまうのです。

血液循環が悪くなると、本来各細胞に届けられるべき酸素や栄養素、ホルモンなどの供給がスムーズにいきません。血液によって運び去られるべき老廃物の回収も滞ります。こうした状況下では各細胞は十分に働けず、臓器や器官の機能は低下していきます。ホルモンバランスは崩れ、代謝が低下。体調も悪くなるでしょうし、やせにくくもなります。

血液循環の改善には、食事や睡眠時間などの調整で自律神経を整えることが大切ですが、すぐにできる対処法として、体を温めたり、マッサージや運動が効果的です。

末端への血液供給を増やし、血液循環をよくして冷えやむくみの改善に効果てきめんの方法といえば、西式健康法の「毛管運動」でしょう。心臓より手足を高く上げて小刻みに振るだけの簡単なぶるぶる運動ですが、「ゴキブリがひっくり返って、足をモゾモゾ動かしている姿に似ている」ところから、「ゴキブリ体操」とも呼ばれています。

やり方は簡単。首の下に丸めたタオルか硬い枕をあてて、仰向けに寝転がり、足は肩幅に開き、床に対してできるだけ垂直になるように両手・両脚を天井に向かって上げます。手のひらは向かいあわせに、指は軽く離して伸ばします。あとは、両脚を垂直に保ちつつ、両手、両足の先から手足全体をブルブルと微振動させるだけです。

膝は曲げないのが本式ですが、最初からそうするのは難しいかもしれないので、少し曲げて、慣れてきたら伸ばすようにします。最初は30秒くらいから、徐々に2分程度できるようにしていくといいでしょう。膝に負担がかかってウォーキングやほかの運動ができない人には、とくにおすすめです。

「ミニトランポリン」で、楽しみながらセルライトを解消。

市場にはさまざまな健康器具が出回っていますが、**ホルモンバランスを調整しながらセルライトを改善しスッキリ下半身に貢献してくれるのが、ミニトランポリン。**直径90センチ、高さ20センチ、5キロくらいのもので、使用しないときは、ベッドやソファーの下やクロゼット、家具の隙間に収納できるので狭い部屋でも邪魔になりません。

トランポリンの高い運動効果を立証したのは、NASA（米航空宇宙局）。それをキッカケに、全米でトランポリンを使ったエクササイズ人気に火がつき、セレブがこぞってとり入れたこともあり、日本でも「リバウンディング」として人気が広まっています。

トランポリン上での運動は地面での運動よりも運動効果が高く、10分のリバウンディングは30分のウォーキングに匹敵。跳び上がりながら腕を回す、左右交互に足を上げるなど簡単なエクササイズをすれば効果は倍増。しかも、リバウンディングでは、関節にかかる衝撃が87%も緩和されるので、ジョギングなどの運動のように膝や足首などの故障に悩まされることもありません。

慣れないうちは、軽く跳んだり、ジョギングするだけでもフラフラしますが、足元が不安定な状態で姿勢を保って跳ねることで、バランス感覚と体幹が鍛えられていきます。地面を跳ねるときよりも50～60%も余分に筋肉が使われ、効率のよい筋トレにもなります。

リバウンディングは、血行はもちろん、リンパ系を刺激します。むくみの予防や解消、脂肪燃焼&デトックス効果などによって、セルライト解消にも効果絶大です。

家のなかでできるので季節や天候に左右されず、エクササイズ嫌いのあなたでも、しんどさを感じることなく、楽しく快適に有酸素運動+筋トレがつづけられます。リスト&アンクルウエイトをつけて、最初は2分程度から徐々に時間を延長していきましょう。テレビで好きな番組を見ながら、リバウンディング！　お子さんがいれば、一緒に楽しめますよ！

レジ袋キックで、楽しく「エコササイズ」！

効率よい代謝アップで体脂肪を燃やしつつ下半身をキリッと引き締めていくには、股関節まわりを柔軟にすると同時に赤筋を鍛えるのがベストであると、お話ししましたよね。そのために**誰でも手軽にでき**、**お金もかからず楽しくつづけられるのが**、**レジ袋を使っての、「エコササイズ」**。健康運動指導士の饗庭《あいば》秀直《ひでなお》先生考案のものですが、ストレス解消にも効果絶大です！

まずレジ袋に空気を入れて、手提げ部分を縛ってボール状に……。これを、ふわっと空中に投げます。右脚を振り上げて落ちてきた袋を蹴り上げます。袋を床に落とさないように今度は左脚で袋をキ～ック！　これを、連続50回。「そんなに～？」って、実践する前からため息ついている、あなた！　大丈夫ですよ。楽しいから、楽々つづけられます。
床に落ちたらすぐに拾って、そのままつづければＯＫ。拾おうとする動作そのものも運動になります。すべらないように素足でやること。それと、ぶつかってケガしないよう周囲を片づけてからスタートしましょう。

キックごとに声をだして息をしっかり吐くと呼吸が深くなって代謝アップにより効果的です。慣れるまでは大きめで厚手のレジ袋がやりやすいでしょう。そのまま袋の口を縛らないでやるのもアリ。大きくキックしたり、ちょこまかやってみたり、足の甲でのキックばかりでなく、かかと側でキックしたり、膝を使ってみたり、スキップしながらやるのもいいですね。とにかく**大切なのは楽しむこと**。

慣れてきたらイスに座ってやったり寝転がってやったり、手を使ってみたり、工夫してみましょう。いろいろな筋肉を動かすことによって、よりいっそう太ももを引き締め、お腹もひっこみますから、いろんなパターンにチャレンジしてみてください。個人差もありますが、5～10日で、筋肉が引き締まってくるし、むくみが消え、ヒップアップも実感できますよ！

美脚筋の活性でトリプル効果を狙いましょう。

骨盤から膝内側にかけて斜めに巻きつくように走っている細長い筋肉、「縫工筋《ほうこうきん》」は、「美脚筋」ともいわれます。**つま先を外側に向けて脚を引き上げるときに働きますが、これこそ、あなたの美脚づくりのカギを握る筋肉です。**

歩幅がせまく、内股でちょこちょこ歩く人は、この筋肉がほとんど機能していないはず。そんなあなたが、たとえばスクワットをすると、太ももの外側ばかりが発達してかえって脚が太くなってしまいかねません。脚をあまり上げない歩き方をしている、太ももの太さが気になっているあなたは、まず、美脚筋を目覚めさせましょう！

この筋を活性化すると、太もも外側に力を加えなくても軽やかに足を前に踏みだすことができるようになります。その結果、①歩き方がモデルのように美しくなり、②太ももの外側&内側が引き締まり、③ヒップの上がキュッと引き締まって小尻に！

まずは準備運動。イスに深めに座って、両手は太ももの横。両脚の足首を絡めて固定します。膝を伸ばし、脚を床と水平に持ち上げましょう。膝と太ももを密着させながらギュ～ッと内側に絞り込んで6秒キープ。左右を組み替えて同様に。これは座ったまま簡単にできるので、こまめにやりましょう。3～4時間に1回やれば、太ももの内側がぐんぐん活性化してくるのが実感できるはず！

美脚筋が目覚めたら、今度は刺激&強化していきましょう。足を肩幅に開き、つま先は外側に向け、両手を上げてバンザイポーズ。息を吐きながら、左足を外側に上げて左手で足首をタッチ。タッチしたら左手はバンザイ位置に戻し、上体が倒れないように注意しながら外側に上げている左足を今度は内側に上げて、右手で足首をタッチ。

片足立ちのまま、外タッチ・内タッチをそれぞれ1秒に1回程度のテンポで5回。右足も同じようにやります。慣れてきたら動作をよりゆっくりやるようにすると、さらに効果的。**全身の筋肉を総動員するので、美脚づくりはもちろん、全身の代謝アップにも効果的！**

column10

美脚筋エクササイズ

まずはイスに座って美脚筋を目覚めさせ、
そして刺激&強化していきましょう。

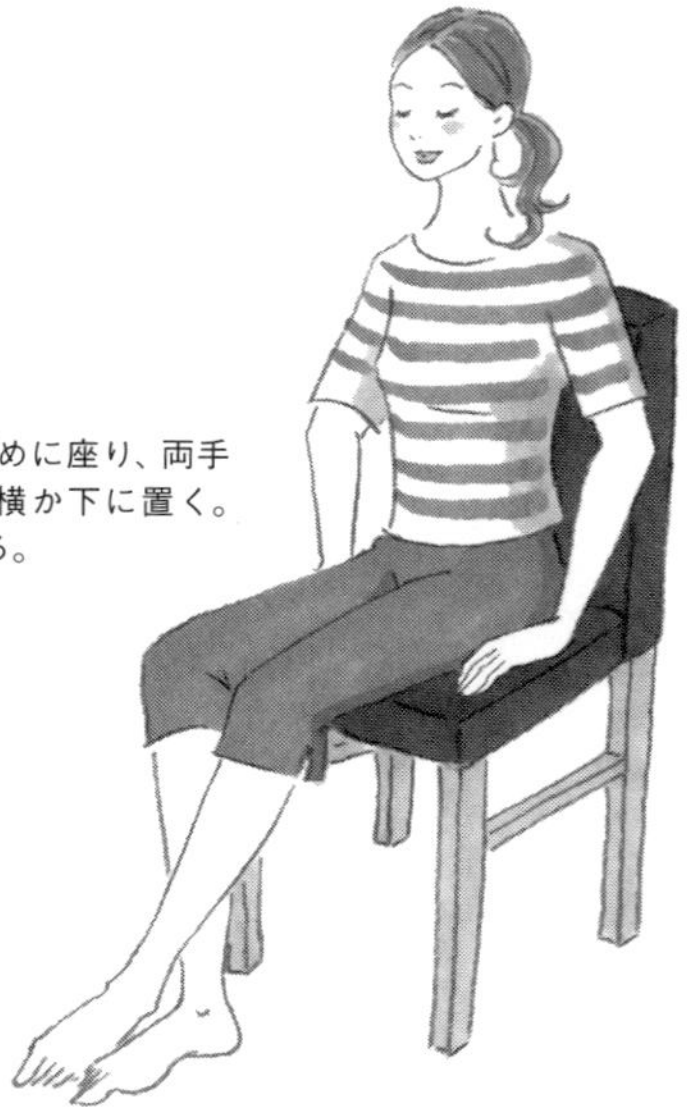

❶ イスに深めに座り、両手を太ももの横か下に置く。足首を絡める。

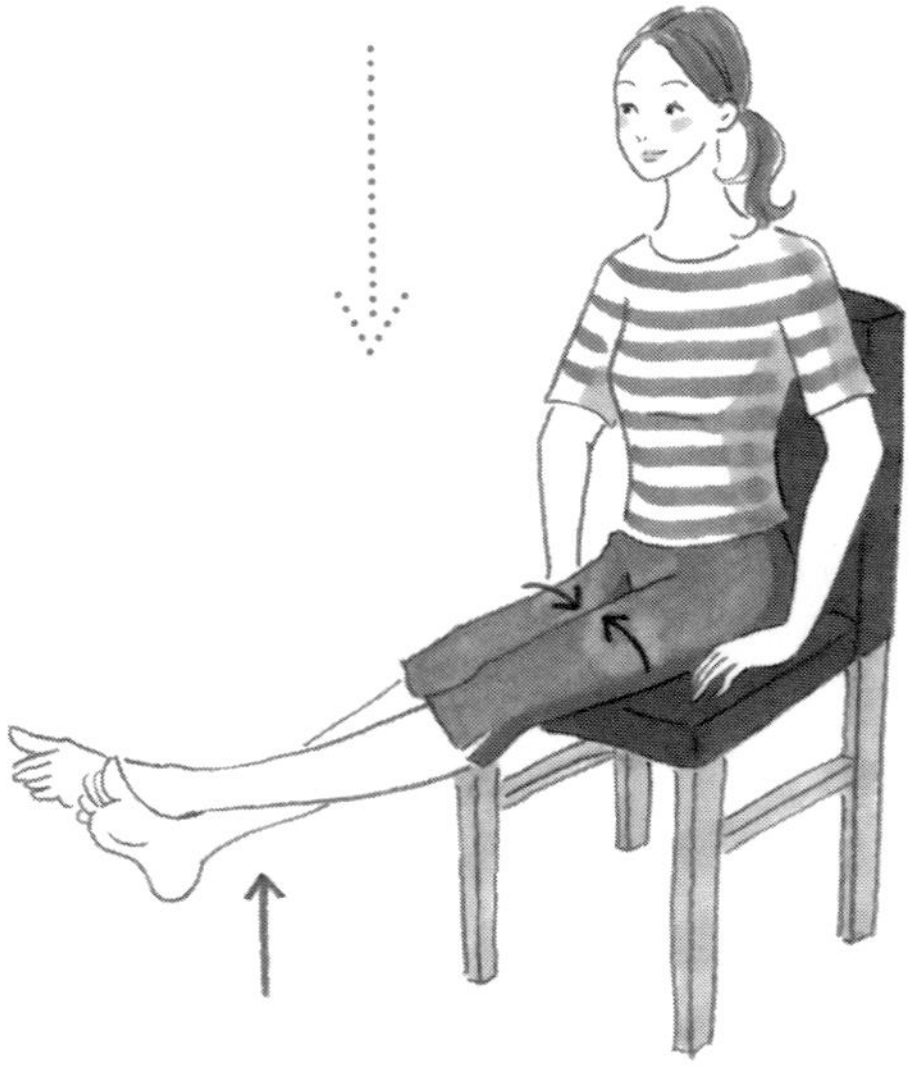

❷ 膝を伸ばし、足を床と水平に持ち上げる。膝と太ももを密着させ内側に絞り込み、6秒キープし、❶に戻る。3～5回くり返したら、左右逆にして同様に。

❶ 足を肩幅に開き、つま先を外側に向けて両手を上げ、バンザイポーズをする。

❷ 息を吐きながら左足を外側に上げ、左手で足首をタッチする。タッチしたら左手はバンザイ位置に戻す。

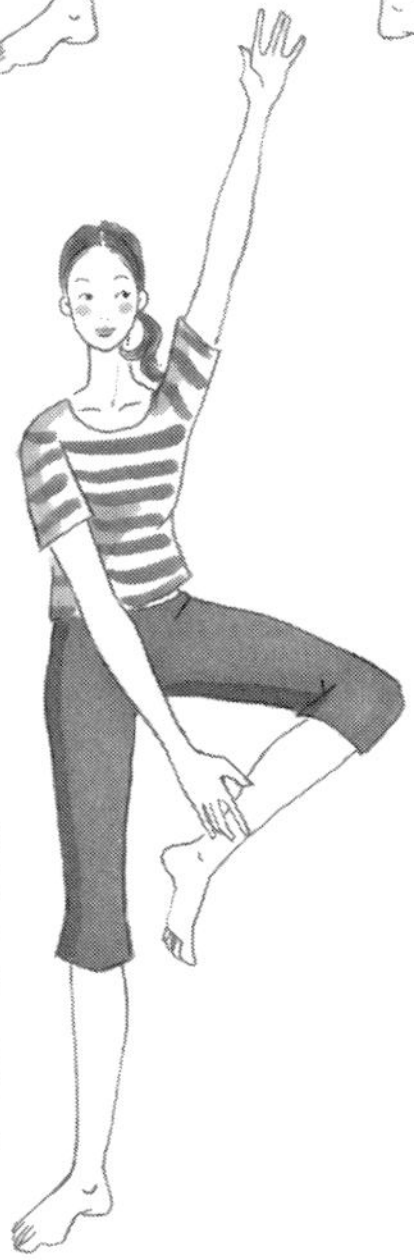

❸ 上体が倒れないよう注意しながら、外側に上げている左足を今度は内側に上げ、右手で足首をタッチ。❷、❸を1秒に1回程度のテンポで5回くり返す。

❹ 左右逆にして繰り返す。慣れてきたら動作をゆっくり行うように。

ポッコリお腹もペッタリになる「引き締め筋」よ目覚めよ！

太もも、お尻まわり中心に脂肪が蓄積する下半身太りは、女性ホルモンに支配されるボディタイプ。**加齢にともない女性ホルモンが減ってくると、新たな脂肪はお腹まわりに蓄積するようになってきます。**こうした女性ホルモン減少による変化ではなく、若いころからお腹の脂肪蓄積が気になる女性は甲状腺の影響を受けやすいボディタイプとされます。セロトニンレベルが低く、甘いものやでんぷん質中心の食生活で、疲労、気分の落ち込み、うつ症状、低血糖、消化器系のトラブルを抱えやすいといわれます。

また、座ってばかりの生活や姿勢を気にしないでいると、下腹の筋肉群が休眠して弱体化します。力を入れようとしても筋肉の使い方そのものを忘れているため、下腹をひっこめることができず、へそ下はポッコリ。引き締め筋が弱れば、姿勢がそれまで以上に崩れて、下腹はますます目立ち、下半身の脂肪蓄積も増えることに……。

いずれのボディタイプであっても、ポッコリお腹をペッタリさせるには、①休眠している下腹の「引き締め筋」の強化、②腸内環境の改善、③脂肪を減らすことが必要です。②と③については、第1章の食生活の改善を進めることで、らくらくクリアできます。**問題は、「引き締め筋」。これをしっかり目覚めさせなければ！**

まず、足をそろえて立ちます。両手で逆三角形をつくって、おへそを囲むように置いて、息をめいっぱい吸い込んで止めます。両手に少し圧を加えながら、下腹（へそ下）に徐々に力を入れながらおへそを背骨にくっつけるような気持ちでひっこめていきます。このときお尻の穴を締めるように力を入れます。そしてウエストの脇もおへそ方向へ収縮させます。6〜7秒そのままの状態を保ちながらゆっくりと息を吐ききって終了です。

慣れるまでは全身鏡か、せめてバスト下から下腹部まで映せる鏡の前で実践するといいでしょう。裸の状態で鏡を見ると、ウエスト部分がギュッと締まっていくのが確認できるからです。一日2〜3回やればOKですが、ポッコリお腹には効果てきめんです。

「ながら」運動で、最小限の努力、最大の効果を。

スポーツを楽しんだり、集中して運動ができれば、それがベスト。でも、普段から体をあまり動かす習慣がないあなたが、「さぁ〜運動しなくては！」と、わざわざ服を着替えてエクササイズするとか、ジムやフィットネスクラブに通うのはハードルが高いでしょう。

今より少しだけアクティブに行動する、通勤時間を自分のトレーニング時間にする、仕事をしながら、テレビを見ながら、歩きながらなど、**普段の自分の生活をしながら簡単にとり入れることのできる運動は、いくらでもあります。こうした「ながら運動」は、時間も場所も選ばす、誰でもすぐにはじめられ、想像以上に効果をあらわします。**

「アイソメトリックス」と呼ばれる、1つの動作をたった6〜7秒、3〜5回くり返すだけの運動は、まさに、ながら運動にピッタリ。めいっぱいの力で数秒間「押す」「引く」を基本とした静的運動で筋肉が鍛えられ、お腹やお尻、脚のたるみがなくなり、キュッと引き締まります。

筋肉を伸びるところまで伸ばす10秒ストレッチも、ながら運動として最適。筋肉をリラックスさせ、血液やリンパ液の流れをよくすることのメリットは絶大です。

歯磨きしながら「股割り」や「親指立ち」。テレビを見ながら「クッションつぶし」、駅での待ち時間に「フラミンゴ立ち」、電車に乗りながら「かかと上げ」や「足裏浮かし」、オフィスの机の下で「足首曲げのばし」などなど、TPOに合わせて楽しみながら、いろいろ工夫してみましょう。ビシッと背筋を伸ばすだけでも筋肉は鍛えられますよ！

ながら運動では物足りない運動派のあなた。朝早く起きて仕事前にジョギング。残業後の遅い時間にジムでトレーニング。一生懸命に頑張っているわりに効果が出ない。睡眠の質が低下、体調もすぐれない……。そんなことはありませんか？　運動する時間帯のせいで、逆効果になっているのかもしれません。せっかく時間をとって運動するのなら、最小限の努力で最大の効果を上げたいですよね。時間帯を選べば、それは可能ですよ。

column 11

「ながら」運動

忙しくて運動する時間なんてない！と嘆いているあなたでも、運動嫌いというあなたでも、日々の生活のなかで、いつでもどこでも、簡単に実践できる「ながら」運動を、いくつかご紹介しましょう。

腹凹エクササイズは、腹筋を鍛えながら、さらに美脚づくりもできちゃう、「ダブルながら」運動！ 通勤中ばかりでなく、仕事をしながら、家でテレビを見ながらでもできます。日常のあらゆるシーンで、ちょっとだけ工夫すれば、らくらくシェイプアップ！

電車のなかなど立っているときに 腹筋エクササイズ①

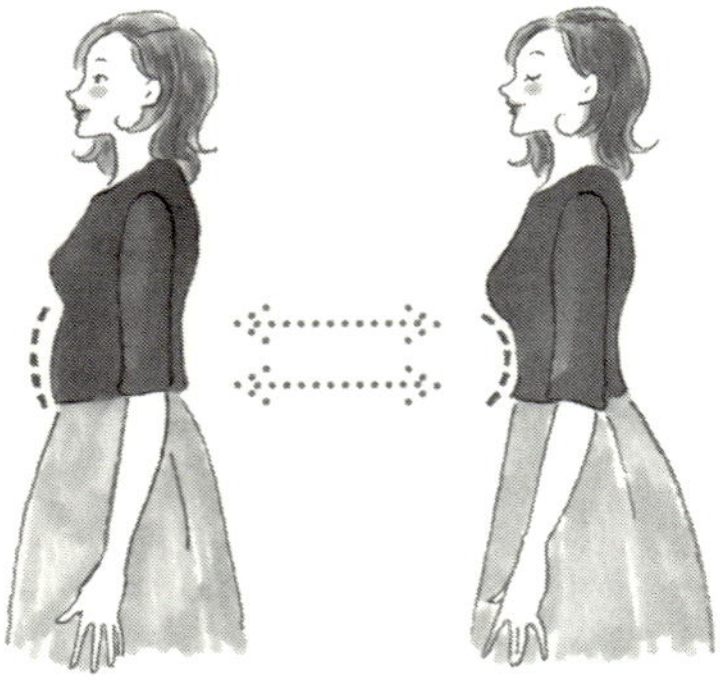

❶ お腹に力を入れ、ギューッとへこませ、次に力を入れたままグーッと膨らませる。これをくり返す。

❷ 電車やエレベーターなど、待ち時間で立っているときなどには、かかと上げを同時にやれば美脚にも◎。

デスクワーク中など座っているときに

腹筋エクササイズ②

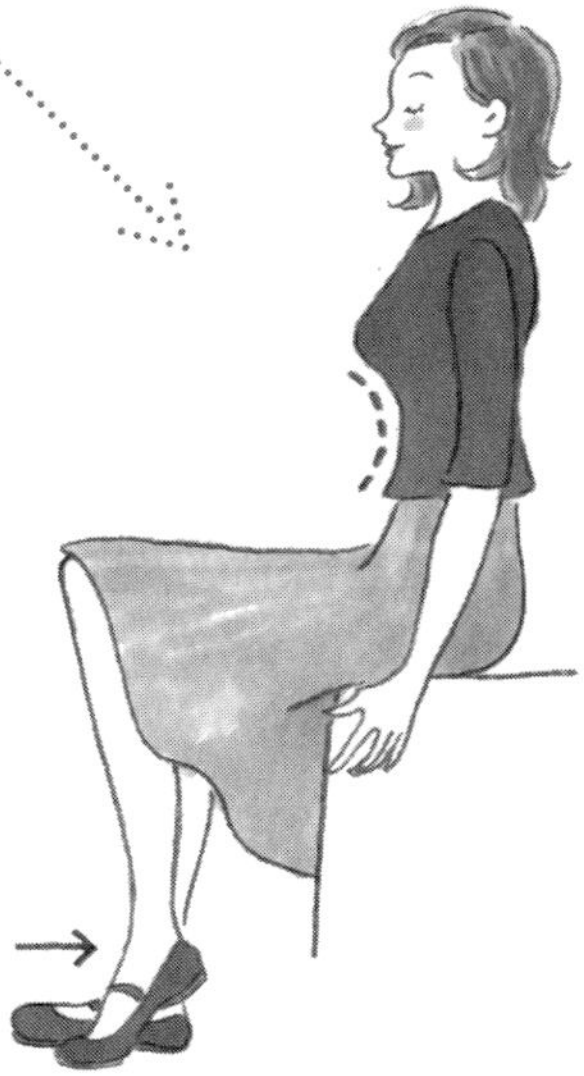

座っている際はこのように。右ページのお腹をへこませたり膨らませたりするのに合わせて、かかとを左右交互に上げ下げする。お腹に加えて太ももやふくらはぎの筋肉も刺激でき、むくみ防止の効果も。

＊両足裏を同時に浮かせるようにすれば、より腹筋に効きます。

むくみ対策に
足首曲げのばし

❶背筋を伸ばし、膝が直角になるよう姿勢を正してイスに座る。

❷片方の足を上げ、まっすぐに伸ばす。そのままの状態で足首の曲げ伸ばしをする。足首を思いきり手前に曲げて３秒、まっすぐ伸ばした状態で3秒キープ。これを10回くり返す。左右逆にして同様にくり返す。

デスク下で気軽に
筋力アップ

クッションつぶし

イスに深く腰かけ、クッションを太ももの間にはさむ。両膝の内側に向けて押すようにめいっぱい力を入れる。6秒押し続け、力をゆるめる。3回くり返す。

道具のいらない
脚やせエクササイズ

膝押し抵抗

イスに深く腰かけ、両膝の外側を両手ではさむ。手は内側に向けて力を入れ、膝は外側へ向けて開くように力を入れる。6秒押し合い続け、力をゆるめる。3回くり返す。

早朝より夕方が運動のベストタイミングです。

体内時計の存在が確認されてから、その役割や機能が急速に解明されてきています。一日約24時間周期のリズミカルな変動（サーカディアンリズム）は、覚醒と睡眠のリズムをはじめ、体内で起こるありとあらゆる現象のリズムを刻んでいます。運動と深く関わっているホルモン分泌、エネルギー代謝、深部温度などのリズムを知って、それらを活かせば、あなたは、より早く、より確実にスリムボディに近づくでしょう。

サーカディアンリズムを考慮して導きだされる、40代のあなたにとって最適な運動の時間帯は、午後12時半から夕方6時半のあいだ。なかでも夕方5〜6時（起床時間が朝6〜7時の場合）は、ほとんどの運動においてもっとも効率よく、効果が上がりやすいベストの時間帯です。この時間帯は深部体温がもっとも高く、呼吸が一番しやすく、肺と心臓の効率が最高の状態で、筋肉の強さや柔軟性が最高潮になるときなのです。夕方の時間帯に運動しそこねたら、寝る1時間くらい前にしっかりストレッチしましょう。

眠れないなど睡眠に問題があるなら、お昼ごろに運動するといいでしょう。交感神経から副交感神経へのバトンタッチがスムーズにいくようになります。**睡眠と覚醒のサイクルが不規則であれば、運動は起床後6時間以上たってからにします。**

午前中、とくに早朝は、深呼吸、軽いウォーキングやラジオ体操、ゆっくり全身を動かす程度の運動を。ジョギングや激しいエクササイズなどは御法度です。

朝は一気に休息モードから活動モードへ切り替わるため血圧や脈拍が急に増え、血圧を上げるために血管が締まって細くなります。血液は流れにくく詰まりやすくなっています。心臓や脳は一気に多くのエネルギーと酸素量が必要になるものの、供給が不足。こうしたことから午前中は急性心筋梗塞や脳血管の事故が起こりやすい時間帯。しかも血液がドロドロに固まりやすく溶けにくい時間帯でもあり、そのような状況下でのジョギングなどのキツい運動は、それこそ命とりになりかねないのです。

冷えとむくみを簡単解消する、足指マッサージを実践して。

30〜50代女性の甲状腺機能は低下しているといわれます。若いころからダイエットのくり返しで、栄養素欠如の状態がつづいているからでしょう。その影響か、日本人の平均体温は50年前に比べて1度近く下がっているといわれます。仮に体温が1度下がると基礎代謝量は12％もダウン。一日2000キロカロリーのエネルギー消費している人なら、食事の内容や量をまったくかえずに年間7・5〜8・5キロも太ってしまう計算です！

低体温でなくても、体が冷えることによって体内の酵素の働きは悪くなります。代謝が低下し、ホルモンバランスも崩れてきます。血液の流れも悪くなり、細胞は熱づくりをまともにできなくなり、ますます冷えて、代謝はさらに低下。まさに悪循環で、ボロボロ・

ボディへまっしぐらです。冷えとむくみはセットになっているケースも多く、セルライトの発生・悪化にもつながります。

冷えやむくみの解決法はいろいろありますが、そのなかでも簡単で効果が高いのが、足指のマッサージ。足指マッサージは全身の自律神経の働きを整え、さまざまな機能のリズムをとり戻す助けをしてくれます。さらに、血液やリンパ液の流れを促すことにもなり、むくみの解消、セルライト予防にもなります。

やり方は簡単。床に新聞紙などを広げ、腰を下ろしてあぐらをかきます。大さじ山盛り2〜3の粗塩を両手に持ち、その両手で足指を包み込みます。この状態で、足の指だけを上下に手の指を使ってこするようにマッサージ。次に、この状態で足の裏側から、両手の親指を使ってよくマッサージ。最後に足の指と指の間に手の指を入れて指の側面をマッサージ。時間としては、片側2分、両足で4分。足の指先が、ある程度赤くなるまでやります。冷えやむくみがひどければ、これを一日2回程度おこないましょう。

たったこれだけでも、腰痛、関節痛、不眠、イライラ、疲労感などが軽減した例も多いのです。また、足裏には多くのツボが集まっています。足裏マッサージも◎ですよ。

老廃物は「鎖骨ポケット」からどんどん捨てる準備を。

体内の老廃物を処理するには、リンパ系がきちんと働いてくれなければ困ります。適切なエクササイズやストレッチはリンパ液の流れをよくしてくれます。同様に直接皮膚の上から刺激をあたえるドライブラッシングやマッサージも効果的です。その**効果を最大限引きだすには、実施する直前に鎖骨の内側を刺激することです。**

鎖骨の上のくぼみ、「鎖骨ポケット」は体中から集まった毒素が溜まる、いわゆる「ゴミ箱」。まずはここを空っぽにしないと、せっかくドライブラッシングやマッサージをしても下半身に滞ったリンパ液がうまく処理されません。右手の指2本を左側の鎖骨ポケットにあて、首に向かってやさしくすくう感じで8回マッサージ。反対の手で、反対側も同じように。たったこれだけで全身のリンパ液の流れをよくする準備ができます。

同時に多くのリンパ節が集中している部位を刺激して目覚めさせれば、さらに効果はアップ！　脇の下↓鼠径部↓膝裏を1ヵ所8回ずつさすりましょう。鼠径部というのは脚のつけ根のところ。4本指をそろえて、いわゆるVラインに沿ってさすります。忙しくてドライブラッシングやマッサージをする時間がない！　というときには鎖骨ポケット、これらとリンパ節を刺激するだけでもリンパ液の滞り予防になります。

下準備が終わったらドライブラッシング。ドライブラッシングはその名のとおり、乾いたブラシで皮膚をこする方法。血液やリンパ液の流れをよくするだけでなく、皮膚から老廃物を排出しやすくします。肌ツヤ、たるんだ皮膚もドライブラッシングで蘇ります。

ドライブラッシングには植物性のブラシを。合成繊維のブラシは肌を傷めるので絶対に使わないでください。ブラッシングをするのは顔以外の体全体。手足の指先から、リンパ節が集まる膝裏、脚のつけ根や脇の下に向けて、心臓に遠いところからブラッシングしていきます。一通り全部やっても5〜6分でできるので、お風呂やシャワーに入る前、服を着替えるときなどに実践するといいですね。

バスタイムは、最高のケアタイムです

入浴は新陳代謝を促進し、肌を美しく、全身を健康に導いてくれます。血液の循環がよくなり、不必要な老廃物、疲労物質が運び去られ、各細胞に必要な酸素や栄養素がスムーズに届けられるようになります。毛細血管がゆるみ、副交感神経を上げることにもつながるのでリラックス効果も抜群です。

このバスタイムを利用すれば、あなたの下半身に居座る無駄な脂肪を燃やしやすくすることもできます。それも超～簡単に！　湯船のなかで10分、お肉が気になるお腹、お尻や太ももを、手でもむだけでいいのです！

脂肪組織内では脂肪を溜め込もうとする「蓄積モード」と、脂肪を外に出そうとする

「分解モード」がスイッチオンになったりオフになったりと、必要に応じて切り替えがおこなわれています。モードの切り替えは本来ホルモンや酵素などによって調整されているのですが、「分解モード」のスイッチを意図的にオンにするのが、このバスタブのなかでのモミモミ。もむ刺激でアドレナリンというホルモンが分泌され、脂肪分解酵素のリパーゼが活性化するので、脂肪が遊離脂肪酸に分解されやすくなるのです。

感覚としてはスポンジを軽くしぼるようなタッチで、気になる部位をもんでいきます。けっして力は入れすぎないよう注意してください。40度程度のぬるめのお湯に胸の下までつかり、半身浴で実施するのがおすすめです。入浴後にアロママッサージをするのであれば、マッサージオイルと同じ精油を使ってアロマバスにすれば、より効果的です。

入浴の時間はあっても入浴後にマッサージを習慣化するのは難しい！　という女性も多いでしょう。そういうあなたは体を洗いながらマッサージすることで努力なしに習慣化できるでしょう。このときセルライト改善に効果のあるカフェインや精油がブレンドされていて、さらに、マッサージ作用のある天然スクラブ素材が含まれている、セル・マッサージソープがおすすめです。

アロマテラピーで脚やせ効果もスピードアップ！

正しい食生活や運動、適切なストレスケアは、40歳からのホルモンバランスを整え、下半身を細くしていくために欠かせません。とはいえ目に見えた効果があらわれてくるまでには時間がかかります。そこで、アロマテラピー。外部からのケアを併用すれば、よりスピーディに下半身やせが実現します♪

欧米ではセルライトに効果的なトリートメントとしてアロマテラピーがとり入れられています。**アロマテラピーがストレス軽減に効果があることは前章で触れましたが、選択する精油によってはセルライト解消、下半身やせに直接働きかけてくれます。**

あなたの下半身を肥大させているセルライトをスッパリ脱ぎ捨てていくには、セルライト形成に関わっている要因すべてをとり除く必要があります。血流の改善、血管強化、リンパ液の停滞改善、うっ血改善、脂肪燃焼速度アップ、利尿作用、ストレス解消などの要素をすべて網羅していくことを考えなければなりません。

1種類の精油でこれら全要素をカバーするのは無理。しかし、いくつかの精油を組み合わせれば、チチンプイプイのプイッ！ 薬的効果を発揮してくれることも！

私は10年以上前から下半身やせのためには、サイプレス、レモン、アトランティック・セダー、セージ、ユーカリという5種類の精油を3種類のキャリアオイル（ホホバ油、グレープシード油、ヘーゼルナッツ油）で希釈したブレンドをおすすめしています。この組み合わせはとても好評で、脚やせ成功の嬉しいご報告をよくいただきます。

本来、精油とキャリアオイルは使用するときに自分でブレンドするのがベストです。でも、面倒、全種類そろえるのは無理、適切な配分バランスがわからないなどの理由から自分でブレンドできないケースもあるでしょう。そのようなときには、すでにブレンドしてあるアロマオイルを使用するのも一つの選択。ブレンドオイルを調達する場合は、グレードの高い精油を使用し、添加物などの入っていないピュアなものを選んでください。

column 12

セルライト解消に効果のあるエッセンシャルオイル（精油）

精油をマッサージなどに使用する場合には、いくつか注意する点があります。

1 そのまま皮膚につけるのは絶対にNG。かならずベースとなるキャリアオイルで希釈して使用します。セルライトにはヘーゼルナッツ油が効果的といわれます。

2 適切な使用量を。精油は体に対して薬的な作用があります。使用すべき量が適切でないと期待する作用が得られなかったり、逆に作用が強すぎ、体に〝毒〟として作用してしまいます。アロマテラピーの本などに載っているレシピを参考に。

3 使用前には、かならずパッチテストを。使う濃度の2倍程度にキャリアオイルで薄めた精油をティッシュに垂らして、二の腕の内側の目立たない場所に直径8〜10ミリに塗り、2日ほど様子を見て、かゆみや発疹ができないことを確認してから、使用するように。

セルライト改善・下半身やせに効果のある、14種類の抗セルライト精油をご紹介しておきましょう。

サイプレス▼体内の余分な水分や老廃物を排出する作用があり、鬱血《うっけつ》をとり、血液循環を改善。ホルモンバランス調整作用でイライラや高ぶった感情を鎮める。注意…妊娠初期にはNG。相性がいい精油…ジェニパーベリー、レモン、グレープフルーツ、オレンジ

ゼラニウム▼血行促進、利尿作用、リンパ液の流れをよくし、体内の余分な水分や老廃物を排出。自律神経バランス、ホルモン分泌調整効果でストレス性の不調、肌の若返り効果がある。注意…妊娠中はNG。相性がいい精油…キャロットシード、グレープフルーツ、ネロリ

アトランティック・セダー(シダーウッド・アトラス)▼脂肪分解、リンパ排液の改善。鎮静作用により不安や緊張を和らげるほか、集中力アップにも。注意…妊娠中、授乳中はNG。相性がいい精油…サイプレス、ジェニパーベリー

セージ▼脂肪分解、血液やリンパの流れを改善。肌の引き締めとともに、ホルモンバランスの調整、抗酸化作用がある。神経系の鎮静、興奮どちらにも有効。注意…刺激が強い。相性がいい精油…ネロリ、ローズウッド

ジェニパーベリー▼血液循環の改善・新陳代謝を高め、毒素・老廃物の排出を助ける発汗・利尿作用があり、体内から余分な水分や老廃物を排出。落ち込んだ気持ちをリフレッシュ。注意…妊娠中はNG。多量使用はNG。相性のいい精油…サイプレス、ゼラニウム、グレープフルーツ

サンダルウッド▼血液循環促進、利尿作用、リンパ排液の促進がある。緊張や興奮時などに心を落ちつかせる鎮静効果もある。注意…妊娠初期、うつ状態の人の使用はＮＧ。相性のいい精油…パチュリ、イランイラン、グレープフルーツ

シナモンリーフ▼収斂《しゅうれん》作用で、ゆるんだ肌を引き締める。脂肪が減少&セルライトが60%縮小したというデータも！　落ち込んだときの気分アップにも◎。注意…妊娠中、生理中、子供への使用はＮＧ。相性がいい精油…サイプレス、ジュニパーベリー、グレープフルーツ、オレンジ・スウィート

ネロリ▼新陳代謝を促進し、ダメージを受けた皮膚細胞を再生。収斂作用、たるみ改善効果がある。自律神経を調整し心身をリラックス。睡眠時に◎。相性がいい精油…ゼラニウム、レモン、オレンジ

グレープフルーツ▼脂肪溶解、血液の浄化、利尿作用など。血液やリンパ液の流れの促進、余分な水分や老廃物を排出してくれる。心配や不安、緊張した気持ちをほぐし気分を高める効果がある。注意…使用したあと、皮膚を日光に当てない。相性がいい精油…ゼラニウム

キャロットシード▼リンパ系を刺激し、体内の老廃物の排出を促す。細胞の活性化、引き締め、アンチエイジング効果、ストレスなどで疲れた心を癒やす効果がある。注意…妊娠中はＮＧ。相性がいい精油…ゼラニウム、サンダルウッド、ジュニパー、ネロリ、柑橘系全般

フェンネル▼利尿・発汗作用でむくみ解消。女性ホルモンを活性化、ストレスや緊張などの感情をほぐし怒りやイライラ感を鎮める作用、食欲抑制効果がある。注意…妊娠中、てんかんがある人はNG。相性のいい精油…ゼラニウム、レモン

ブラックペッパー▼血行促進、発汗作用。末梢の血流を増やし、局所的に温める作用がある。注意…マッサージやアロマバスには、1〜2滴以上は絶対に使わない。相性がいい精油…サイプレス、ゼラニウム、グレープフルーツ、パチュリ

パチュリ▼血行促進、利尿作用があり、皮膚の再生、たるんだ皮膚の引き締め作用がある。緊張や不安を緩和する鎮静作用があり、ストレスによる過食を抑えてくれる。相性がいい精油…ブラックペッパー、ゼラニウム、ネロリ

ローズマリー▼血液循環を促進、血管強化、利尿作用、新陳代謝を促進する。皮膚の引き締め効果により、昔からセルライト改善に使われる。抗酸化作用もある。相性がいい精油…シナモン、シダーウッド、セージ

マッサージは、やさしくソフトタッチで。

体がよく温まり、体全体の筋肉も精神的にもとてもリラックスしていて、ゆったりした気分でケアができるお風呂上がりは理想的なマッサージタイム。ただし、お風呂から上がってしばらくは皮膚の排泄機能が働いているので、せっかくの精油の成分は思うように作用してくれません。お風呂から出て汗が完全にひいてからスタートしましょう。

マッサージで気をつけなければいけないのは、手をすべらせる「方向」です。静脈血やリンパの流れを促し、筋肉や皮下組織の代謝を活発にして下半身に居座る脂肪を落としていくには、足先から膝に向かって、そして太もものつけ根に向かって、さらには心臓がある体の中心に向かっておこないます。この方向を守って下半身マッサージをすると細胞への栄養供給、酸素の供給が活発になり、疲労物質もどんどん排泄されるようになります。

もう一つ気をつけたいのは、「強くやりすぎない」こと。 たしかに痛いくらいのほうが「効く〜!」と思いがちですが、実は逆効果。強い刺激は繊細なリンパ管や毛細血管にダメージをあたえますから下半身やせにはマイナスです。そもそもセルライトはダメージを受けている脂肪組織です。そんな組織に対して力まかせにマッサージすれば、ダメージはますます悪化してしまいます。マッサージはやさしく、いたわるように……。加圧する場合には徐々に力を入れていくようにします。時間としては、つま先からお尻まで入れても片側5〜10分にとどめましょう。

「オイルでなく、アロマジェルやクリームでもいいですか?」というご質問をよくいただきます。「下半身を細くする」という目的で使用するのであれば、精油とキャリアオイルだけのピュア・ブレンドが最強でしょう。市販のクリーム類などには、界面活性剤、保湿剤、防腐剤、殺菌剤、酸化防止剤、色材類、香料などが使われていますし、効果が期待できるほど精油が配合されていない製品もあります。せっかくのマッサージですから、内容成分などをきちんと確認して、極力添加物を使っていないものを選びたいですね。

一時的ではなく習慣化しよう！

何年か前、私の下半身やせメルマガの読者さん対象にマッサージに関するアンケートをとったことがあります。さすが美脚に対する意識が高い女性たちで、マッサージの頻度に対する回答では、「毎日」または「ほぼ毎日」実践している方が45%もいました。しかしその一方で、「思い立ったときだけ」、あるいは、「まったくやらない」と回答した人があわせて53%もいたのです！

思い立ったときだけしかケアをしない人の多くが習慣化できない理由としてあげたのが、「やっても効果がわからないから」。ときどきやる程度で結果が出たら、それは万々歳でしょうけど、それこそ、「お天道様が西から昇る」くらい、あり得ないことです。

これまで何十年間つづけてきた食生活やライフスタイルの積み重ねが、今のあなたの姿なのです。マッサージに限らず運動や食生活の改善も、思い立ったときだけ実践したところで下半身はビクともしません。「継続は力なり」少しずつでもいいから、「正しい」食事や生活スタイルを習慣づけることこそ、今の自分から抜けだす唯一の方法なのです。

40歳といえば人生の折り返し地点。30代まで好き勝手やっていたあなたでも、40代になった今、本気で自分の体の改善にとり組んでいただきたいもの。「今さら努力しても〜」などのネガティブ思考はNG。私自身、30代までの「ちょっと食べるとすぐ太る体質」から「気にせず食べても太らない体質」にかわったのが、まさに40歳のときなのです！

これから50代、60代〜プラチナエイジに向けて、いつまでも健康で若々しいナイスボディをキープするには、「今さら」の諦めではなく、30〜40代の「今こそ」が大切です。

体内時計の生体リズムを大切に、ホルモンを味方につけ、日常生活のなかでホルモンを活かすことを覚えれば、あなたを最高に輝かすための食生活やライフスタイルも、らくらく習慣づけられるはずです。あなたが一日も早くスッキリ下半身を手に入れ、いつまでも健康で、スリムなナイスボディをキープできることを、心から願っています！

ナターシャ・スタルヒン Natasha Starffin

1951年、東京都に生まれる。ホリスティック栄養学修士。日本航空キャビンアテンダント、外資系企業の秘書、外語学院学院長などを経て、1979年、エステティックサロン開設とともに、健康業界に参入。ホリスティック栄養学修士号を取得し、現在では美脚クリエーター、ウエルネス・カウンセラーとして、執筆、講演活動など多方面で活躍している。著書には『下半身がみるみるスッキリ!』(PHP研究所)、『食べて、動いて「美脚になる50の習慣」』『みるみる下半身から細くなる「美脚食」の習慣』(以上、講談社)など多数。

http://www.nstimes.info/
http://www.ashiyase.net/

ブックデザイン アルビレオ

イラスト 片塩広子

ストレッチ協力(p118-121) 小山圭介(LAVAビレッジ伊豆高原ダイエットトレーナー)
LAVAビレッジ伊豆高原
http://lavavillage-izu.com/

脚もお腹もお尻もスッキリ!
40歳《さい》からのホルモンリセット

2016年7月7日 第1刷発行

著者 ナターシャ・スタルヒン

発行者 鈴木 哲

発行所 株式会社 講談社
〒112-8001 東京都文京区音羽2-12-2
電話 編集 (03)5395-3527
販売 (03)5395-3606
業務 (03)5395-3615

印刷所 慶昌堂印刷株式会社

製本所 株式会社国宝社

ISBN978-4-06-220147-6